CW01669890

Kırılma Anları

Murat Onur

ET Enfield Libraries 12/19
CLAF 91200000384711
WITHDRAWN

ELPİS KİTAP

Mutlu Mah. İmam Alim Sultan Cad. 103/15-A
Türközü/Ankara - Telefon: 0312 433 08 93
Facebook:elpisyayinlari - İnstagram: elpisyayinlari
Websitesi: www.elpisyayinlari.com
Mail:info@elpisyayinlari.com

ISBN: 978-605-7647-48-1

Yayıncı Sertifika No: 29377

Baskı: Ankara 2019

Genel Yayın Yönetmeni: Aydın Tekin

Editör: Melek Karadeniz

Kapak Tasarım: Elpis

Mizanpaj: Edanur Soyalp

Baskı: Eğiten Matbaacılık / 29377

© Bu kitabın tüm yayın hakları Eğiten Kitap Org. Yay. Ltd. Şti'ne aittir. Yazılı izin alınmadan kısmen veya tamamen hiçbir yolla kopya edilemez, çoğaltılamaz ve dağıtılamaz.

Kırılma Anları

Murat Onur

LONDON BOROUGH OF ENFIELD	
91200000384711	BFBA076715
BOOKS ASIA	05/12/2019
TUR ONU / F	£12.30
ENTOWN	

Bazen gecikmiş bir adım

Boca eder koca bir ömrü başında

O an toslamıştım sana. Gül yüzündeki uzun ve çileli yolculuğum, beynimde ölünceye kadar yaşatacağım o kısacık anda başlamıştı. Kalabalıklar içerisindeki özel oluşunu, o an ayırt etmiştim.

O an, zamanın göreceliğini tekrar test etmiş, mekanın darlığıyla tanışmıştım. O an dize gelmişti bağlanmış duygularım ve o an çözülmüştü örülü önyargılarım birer birer.

O diri anda adım atmıştım bendeki sen'e. O an dolmuştun içimdeki boşluğa...

Hoş gelmiştin ey güzel! Ne de geç gelmiştin... Ne de çok bekletmiştin. Gözlerim seni arar dururmuş meğer yıllarca...

Ne de güzel gelmiştin; anlamsız alışkanlıklarıma, sistemsiz düşüncelerime, bir kalıba sığmayan duygularıma ve en önemlisi de yüreğimdeki en katısından ise, pasa.

Hoş gelmiştin ey sevgili, boşa geçmiş ömrüme. Bir türlü derinlemesine hesaplaşamadığım kalıplarıma...

O kısacık anda, gerçek dünyadan kopmuş, hayal aleminde apayrı bir yaşama yelken açmıştım. Kesilmişti ayaklarım yerden. Boyut değiştirmiştim. O gül yüzünde bu yaşamın renklerini de içerisinde barındıran sanal bir pencere açılmıştı, zahirde ruhuma. O pencere sadece sana, senin için aralanmıştı. Sen vardın yalnızca. Mutluluğa ve mutluluğa giden yoldaki tüm muhtevaya sahipti.

Elimden tutup, zihnimde açılan pencereden, gül bahçene geçirdin. Önce çiçekleri, gülleri gösterip koklattın bana. Bütün çiçekler, güller aynı kokuyu veriyordu. Tüm çiçekler kokundan bir demet sunuyordu bana. Sen kokuyordun. Her şey sen kokuyordu. Her desen seni tamamlıyordu.

Kokun başımı döndürüyor, hazda derinleşiyordum. Sen beni çekiyordun, ben sana koşuyordum. Sen beni itiyordun, ben içine düşüyordum.

Sen içimde diriliyordun, ben içinde eriyordum...

Tomurcuklarının içimde çatlayıp meyveye duruşunu etkisizce izliyordum...

Tutuyordun ellerimden yamacındaki şelaleleri gezdiriyor, şelalerin altında sevgi iksiriyle ıslatıyordun. Tepeden tırnağa ıslanıyorduk. Bir kere, bir kere daha daldırıyordun beni o aşk şelalesine. Saçlarımdan yüzüme, dudaklarıma akan her damlada seni tadıyordum. İçime akıyordun anbean.

Çekiştiriyordun. Peşi sıra kıtalar gezdiriyordun o sadece bana açılan pencerenin ötesinden. Vaat ediyordun her toprak parçasında aşkı, sevgiyi ve mutluluğu.

Birkaç adımla kıtaları atlıyorduk. Kıtalar içimizde büzüşüyor, yutuyorduk kara parçalarını. Madde ve mana dengesini aşmış, boyut değiştiriyorduk her an. Zencisi, beyazı, sarısı, çekik gözlüsü her insanın, yüreklerine dokunup geçiyorduk. Kayıyordu zemin ayağımızın altından. Sıkıca kavramıştın elimi. Bana güven diyordun. Oysa ben sende zaten tedbirsizdim. Tedbir alacak bir bilincim yoktu. Tamamen savunmasız, gassalın elindeki meyyit gibiydim. İster evirir, ister çevirir; otur desen oturur, kalk desen kalkacak kıvamdaydım. Bunu fark etmiş miydin, bilmiyorum ama ben sendeydim tamamıyla.

Kara parçaları bitince denizlere, okyanuslara sürükledin beni. Denizleri geziyorduk. Bir adım ötemdeydin hep. Adımlıyorduk denizleri, okyanusları. Kafasını çıkarıp seni selamlayan, güzelliğine hayran hayran bakan balıklara yem atıyor, yaralı balıklara şifa, güçlü olanlarına zayıflar için merhamet aşılıyordun, vicdanlarına. Hayranlıkla izliyordum seni.

Öteki bir okyanusu adımlarken ortasında durdurdun beni. Zaman, mekan durmuş; her şey donmuştu. Altımızdaki su, gökyüzü ve dünya. Benden başka her şey hareketsizdi. Bıraktın ellerimi birden. Sen devam ettin yürümeye. Ben düştüm sulara. Arkandan koşmaya başladığımda her şey hareket etmeye başladı. Su, hava, rüzgar ve bulutlar... Bir el kulaç atımı ötemdeydin hep.

Senin altındaki, üstündeki, yanındaki her şey donmuş, ben de ise her şey hareket halindeydi. Gittikçe hızını arttıran dalgalarla boğuşuyordum. Amansız bir mücadele veriyordum sana ulaşmak için. Kısa bir an sonra fırtına çıktı. Ben çırpınmaya devam ediyordum. Tek derdim vardı; sana ulaşmak. Dalgaların boyu daha da büyümüş, bana çarpan her dalgada senden uzaklaşmama rağmen aramızdaki mesafeyi hep koruyordun. Beni bekliyordun. Temkinli, biraz da tedirgin sayılabilecek gözlerle pür dikkat izliyordun beni. Fırtına şiddetini arttırmış, zifiri karanlık kuşatmıştı her yeri. Senden başka hiçbir şey görünmüyordu. Ay bile kaybolmuştu. Ben mücadeleyi bırakmıyordum. İnanır mısın ey balıkların hayranlıkla seyre daldığı güzel, ölümden çok, sana ulaşamamaktan korkuyordum. Ne kadar çok çabalasam, ne kadar sana ulaşmaya çalışsam da ulaşamıyordum sana. Artık gücümün kalmadığını, her gelen dalganın dengemi daha da bozduğunu fark ediyordum. Her an okyanusun derinliklerine bırakabilirdim kendimi. Tükeniyordum ve senden bir şeyler yapmanı bekliyordum. Senin o temkinli, iyimserlikli halin üzerindeydi. Dikkatle izliyordun beni. Son bir çırpınışla sana ulaşacağım anda solumdan gelen büyük bir dalga sürükleyip senden metrelerce uzağa sürükledi.

Bardaktan boşanırcasına yağmur yağıyordu üzerime. Seni de göremiyordum artık. Her şey bitti deyip bıraktım kendimi sulara. Ölümün o soğuk yüzünü bekliyordum. Hazırlamıştım kendimi ölüme. Kaç saniye geçti bilmiyorum ama ellerinin sıcaklığını hissettim. Çekip almıştın beni fırtınadan. Nefes nefese kalmıştım. Yığıldım üzerine, yaslanmak isterken.

Okyanusun üzerinde bağdaş kurup oturmuştun. Ben dizlerine başımı koymuştum. Kesik kesik soluyordum. Her şey donmuştu yine. Ben çekik gözlerinde kayboluyordum, sen ıslak saçlarıma merhamet yüklüyordun. O an donmalı ve biz o anı sonsuza kadar yaşamalıydık, ey sevgili.

Bunu niye yaptın bana, bile diyemedim. Sorgulayamadım. Seni sorgulayamazdım. Sen davetsiz girmiştin gönlüme. Bir anda yeşermiş ve kök salmıştın bedenimde.

"Bu mücadeledir, bana gelirken mutlaka tecrübe etmen gerekiyordu." dedin. Ben de uysal koyun gibi başımı salladım. Ben daha sen gözlerimde sahne olup gönlüme düştüğün anda sana "tamam" demiştim. Senden gelecek her zorluğa da.

Ben sana hep "tamam" demiştim. Sebeplerim, sonuçlarım, arayışlarım, meraklarım, endişelerim sende sükut bulmuştu.

Dizinde başım gökyüzünü izlerken, en tatlısından saçımı okşamana mazhar olurken ve huzuru en derinlerime çekerken tutup kaldırdın kollarımdan. Şaşkın bakışlarım arasında gökyüzüne yükseldin. Bağdaş kurup oturmuştun. Bakışlarımı hiç ayırmadım senden. Orada öylece duruyor, beni izliyordun. O masum yüzüne bakıyor, yakarıyordum sana inmen için. Hadi in aşağı bahçemize dönelim diyordum. Sen orada dikilmiştin. Zaman yine durmuştu. Orada ne kadar kalacağını bilmiyordum. Gözümü kırpmadan bakıyordum sana. Hiç yorulmayacaktım hiç, seni izlemekten. Sonsuza kadar izleyebilirdim seni orada. Razıydım buna. Sen de bunu test ediyordun. Dilim damağım kuruyuncaya, gözlerimin feri sönünceye kadar, hayati fonksiyonlarım devam ettiği müddetçe izleyeceğime kanaat getirdikten sonra bir melek gibi süzülüp geldin yanıma. Kulağıma fısıldadın: "Bu sabırdır." dedin. "Biliyorum." dedim.

Beklerim seni ey sevgili. Sonsuza kadar beklerim... Gelsen de gelmesen de... Ters dönsem de, mekân ayağımın altından kaysa da, zaman donsa da beklerim ben, seni. Güneşin doğuşunu izler, batışına kadar yine beklerim seni.

İnsanların doğumunu izler, yaşamını gözler, ölümüne şahit olur ve bunu sana haber verene kadar beklerim.

Yeni çağların açılışına öncülük eder, değişimlerini idrak eder, kapanışlarını tecrübe eder; tarihe not düşer gibi aktarabilmek için sana, beklerim.

Sabırdan kastın buysa, sana gelirken sabır yoldaşım, beklemek paydaşım, ümitlerim direnişimdir.

Ömrümü bir tebessümünde paralar, iflas etmiş duygularımla tutunurum hayaline. Zirveye ulaştığında tekrar duygularım; gelir kapına, gözlerine bir an temas edebilmeye harcar, yine o sefil, yaşantısız yaşamıma dönerim.

Gider, yine dönerim ey sevgili. Bıkmadan usanmadan tekrar tekrar dönerim sana. Bir bakışında kaybolur, bir anmanda bitiveririm yanında.

Dönerim ben ey sevgili, ümitlerimi ilikleye ilikleye, korkularıma, endişelerime basa basa, kabuk tutmamış yaralarımın sızısını çeke çeke, canı çıkmak üzere olan ruhumu sürüye sürüye. Dönerim ben ey sevgili sana, her şartta, hep dönerim.

Koyu kahve gözlerini diktin gözlerime. Çekik gözlerinle çekiç gibi dövdün ruhumu. Eğdin boynunu. Gözlerindeki tereddütten, daha yapacaklarının bitmediğini anlıyordum. Ben önce davrandım, tereddüdünü dağıtmak isteyip: "Hadi aşk bahçemize dönelim." dedim. Tereddütlü gözlerin kararlı hale geldi. Tuttun elimden, kaldırdın yerden. Gözlerime tekrar diktin koyu kahve gözlerini. Ürkeklik, korkaklık mı arıyordun gözlerimde? İnan bana güzelim, ürkmüyorum senden. İnsan sevdiğinden ürker mi? Tamamen savunmasız ve tedbirsizdim sana karşı. Tersimden, düzümden kelepçelenmiştim sana. Ürker miydim senden? Meydan okuyordum tereddütlerine: "Hadi ne yapacaksan yap." diyordum.

Tuttun yine ellerimden. Kurbanlık koyun gibi geliyordum peşinden. Zamanın ve mekânın üzerinden atlıyorduk. Belki zamanda geriye gidiyorduk. Belki de ileriye. Terk edilmiş, virane olmuş, yağmalanmış, büyük bir savaştan ya da doğal afetten çıktığını düşündüğüm bir şehre girdik. Şehrin içinden hızlıca geçtik. Güney ucu sandığım kenarında daha önce kale olarak kullanılmış görünümü veren bir yapıya girdik. Üst kısmında daha sıcak yağ kazanlarının olduğuna bakılırsa, zamanda geriye gittiğimizi düşünüyordum. Artık kale olduğundan emin olduğum bu yapının en alt katına götürdün beni. Zifiri karanlıktı içerisi. Göz gözü görmüyordu. Melek silüetini fark edebiliyordum sadece. Bir ruhani gibi duruyordun karşımda. Ben hep seni izliyordum, sen tepkilerimi gözlemliyordun, bilinmezlere yol aldırıyordun.

En alt katta tahta bir kapıyı ittin. Tahta kapı her yeri toz toprak içerisinde bırakarak devrildi yere, büyük bir gürültüyle. Kapı kör bir odaya açılıyordu. Mahzen gibi bir yerdi. Odanın batı köşesinde tabut gibi açılan küçücük, daracık bir yer vardı. İlk o tabut gibi yere, sonra mahzun mahzun gözlerime baktın. Beni içeriye buyur ediyordun gözlerinle. Ne de güzel buyur ediyordun. Ne sitemler ediyordum sana bir bilsen. Daha neyimden şüphe ediyordun ki ey sevgili? Neyimi sınıyordun? Kayıtsız şartsız teslim olmuştum sana zaten. Bundan daha büyük bir güvence var mıydı?

Tutup elimden o tabut gibi yere soktun beni. Uzanılmayacak kadar kısa, oturulamayacak kadar alçak ve basıktı. Ne tam uzanabilecek ne de oturabilecektim. İki büklüm bekleyecektim orada. Tam kapağı kapatacağın sırada göz göze geldik. Gözlerine daldım o kısacık anda. O kısacık an bir ömre bedeldi. Bana gereken yakıtı almıştım.

"Ne kadar kalacağım?" demiştim.

"Kırk zaman dilimi." demiştin.

"Zaman kavramı yok ey güzel, kırk zamanın geçtiğini nasıl anlayacağım?"

"Ben anlarım." demiştin.

"Tamam, kapatabilirsin kapağı."

Kapağı kapattın. Daracık, kısacık yerde sadece bir iki yerinden hava boşluğu alabilen o tabut gibi yerde kalakaldım. İnanır mısın ey güzel, o karanlıkta senin aydınlığına sığındım. Sığınağım oldun o sağır ve kör yerde. Gelip gelip sana iltica ettim. Her bunaldığımda, nefesim kesildiğinde gelip o çekik gözlerinde ferahladım. Hiç hissettin mi ey sevgili! Sana gelip dokunuşlarımı fark edebildin mi?

En büyük tedirginliğim ve korkum kapağı açtığımda seni orada bulamayacak oluşumdu. En büyük endişem sendin. Bu durumum geçiciydi, kalıcı olan sendin sadece yaşamımda. Endişelerimin ve korkularımın odağı sendin. Uyudum, uyandım kıpırdamadan. Hayaller kurdum, hayallerime girdin. Seninle, sessizliğinle, kapağı açana kadar bekledim o daracık yerde. Bekledim... Bekledim... Bekledim...

Kırk çile dolu zaman dilimi geçmişti. Ben de geçmiştim kendimden, sen hep geçerken içimden.

Kapağı açtın:

"Kırk zaman dilimi geçti. Çıkabilirsin." dedin.

Nasıl bıraktıysan öyle buldun beni. Yüzünde memnun bir ifade vardı. Yanlış hatırlamıyorsam, tatmin olmuş bir ifade de yerleşmişti yüzüne. Uzatıp ellerini çıkmama yardım ettin. İki büklüm olmuştum. Doğrulamıyordum. Eğik büğük yürüyordum. Yasladın beni kendine. Koluma girdin. Ben sana; gül yüzüne, çekik gözlerine dayandım. Bıraktım kendimi doğallığının kollarına. Kendi başıma yürüyemiyordum ama mutluydum, hafiftim, halimden memnundum. Seninle temas halindeydik. Seni, kokunu çekiyordum içime. Seninle buluşmuş, sende kaybolmuş, seninle bütünleşmiştim. Başka da hiçbir şeye ihtiyacım yoktu. Sen mutluluk şarkıları söylüyordun sessizce. Yüzünden mutluluk akıyordu. Bu yan yana, birbirine yaslanmış halimiz bir ömür sürsün istiyordum.

Biraz kendime geldiğimi görünce yine çıldırdın sen. Zaman ve mekâna basıyorduk hızlıca, bir şeylerden kaçarcasına. Adımlıyorduk geri geldiğimiz yerleri. Kaydı başa sarıyorduk sanki. Tek fark vardı: Geri gidiyorduk. En son aşk bahçemize, ilk başladığımız yere, o pencerenin dibine geldik. Gözlerin gözlerimdeydi. Bu kez iki elimi birden tuttun. Gözlerinde kayboldum beni neyi beklediğini bilememenin verdiği tedirginlikle. "İşte ben buyum Toprak. O çiçeklerden aldığın benim kokum. Meyvelerden aldığın tat benim tadım. Kıtaları gezerken dokunduğun farklı renkteki insanlar, bana göstermen gereken hoşgörü. Okyanusta çırpınman, senin bana ulaşmanda vereceğin mücadele. Ben gökyüzündeyken beni beklemen, bana gelirken mutlaka yanında bulunması gereken sabır. O tabut gibi yerde çektiğin sıkıntılar bana ulaşmanda çekebileceğin çiledir. Bu saydıklarımı yaşama ihtimalin var, hatta bazılarını güçlü ihtimal yaşayacaksın." dedin.

Bir müddet duraksadın. Sonra da noktayı koydun: "Şimdi soruyorum sana simülasyonunu yaşattığım bana ulaşmaktaki zorlukları, gerçek yaşamda karşı koyabilecek misin?"

Ben kaybolduğum gözlerine odaklanıp: "Ben sana talibim. Sana meftunum." dedim. Tepeden tırnağa mutluluk bürünmüştüm. Tuttuğun iki elimden, çektin kendine. Çepeçevre sardın beni. Bütün endişe ve kaygılarımdan arınıp o anın tadını çıkarmaya çalıştım. Burnumu ve dudaklarımı boynuna gömüp çekebildiğim kadar çektim içime teninden, kokundan, ruhundan...

Ayırdın kısa bir süre sonra bedenlerimizi. Pencereye çıkardın beni. Girdiğim yerden çıkıyordum gerisin geriye. Pencereyi kapattığında aramızda artık kalın bir cam vardı. El sallıyordun bana. Uğurluyordun beni sensizliğe, sessizliğe, kimsesizliğe. Ben, bükülmüş boynum, hepsi birden dökülmüş gözyaşlarımla el sallayıp: "Bekleyeceğim." dedim.

O pencere kapanmıştı artık. Yüreğini, yaşamını açtığın o pencere yoktu artık. Işık hızıyla gezdirmiş olduğun kainatın kapıları kapanmıştı yüzüme. Ağır ve asaletli gidişini net ve berrak olarak izledim. Kalın cam yavaş yavaş buğulandı. Buğusunu silmeye çalıştım. Buğusu kalıcıydı, buhar değildi. Silinmiyordu artık. Sonra gözlerimi ovdum daha net görebilirim diye. Tekrar tekrar ovdum gözlerimi. Büyüttüm gözlerimi. Yoktun artık. Ne pencere ne de sen vardın. O pencere yoktu ama seni ilk gördüğüm yerde buldum kendimi. O anda, o kısacık anda zaman ve mekanda hızlı bir yolculuk yapmıştık. Belki gördüğüm, yaşadığım şeyler hızlı bir bant kaydıydı gelecekten gelen. Belki de zihnimin ürettiği bir yanılsamaydı. Ve belki de ruhlar aleminde senle yaşadıklarımızdan bir demetti. Belki de...

Aynı noktadaydım, zihnimin biraz önce bana yaşattıklarını hatırlayarak sana bakıyor, seni izliyordum. Bundan sonraki yaşamımın her boşluğunda sana bakarken kendimi bulduğum gibi.

Bam telime, yüreğimin en hassas yerine dokunmuştun. O kalabalık, binalar, fark edilemez ince bir gölgeye dönüşmüş; sen en belirgin, en net halinle hafızama kazınmıştın.

O günden sonra hafızamda hep hasarlı bir yer olacaktın. Burnumun dibindeki birçok ayrıntıyı göremeyecek, odaklanma adına hep bir sorun yaşayacaktım.

Kalıcı bir hasar bırakmıştın beynimde, yüreğimde ve en önemlisi de ruhumda. Ne işle meşgul olursam olayım bir tarafım hep senle hemhâldi. Bu durumu yıllarca bir tatlı yük olarak taşıyacak, benimseyecek ve uyum sağlayacaktım.

Bütün duygularım canlanmış, düşüncelerim yeşermişti. Akşam eve döndüğümde yaşadığım duygu fırtınasının etkisiyle son derece mutlu bir uykuya daldım. Sabah erken uyanıp içimdeki kontrol edemediğim heyecanı bastırmadan, o heyecanı yaşamaktan zevk almaya çalıştım. İsmini bilmediğim "sen"i yakınımdaki herkese, büyülü duruşunu tarif ederek geçirdim o günümü. Günün sonunda isminin "Eylül" olduğunu öğrenmiştim. Seni düşlerken, hayal ederken nasıl sesleneceğimi biliyordum artık. Günün sonundaki kazanımım buydu. Günüm kapanmıştı. Fakat ben daha senin fakirindim. Adın Eylül'dü: Beş harf, iki hece...

Ne de yakışmış ve oturmuştu üzerine bu isim. Seslendirilişinde incelik, zarafet vardı. Gelsem yanına kabul edecek, gitsen durdurabilecek miydim seni? Karşıma geçsen konuşabilecek, konuşsam sesimi duyurabilecek miydim?

Dilime pelesenk olacaktı artık "Eylül" ismi, ismin. En aradığım, en duymak istediğim ve en kaygı duyduğum isim olacaktı yaşamımda. O isimde iyimser, kötümser ve endişeli ne kadar duygum varsa üzerinde amansız bir savaş verecek, ben ara ara müdahale etmekle beraber bu amansız savaşı genel itibariyle çaresizce izleyecektim. Beklemek, sabırla beklemek tek sermayem olacaktı. Kahramanımın adını öğrenmiştim artık: Adı, Eylül. İki sesli, üç sessiz. Artık yarımdan bile azdım. Üç sendim, iki de kendim. Koparmıştın en anlamlı parçalarımı benden. Sana dönmüş, sana dönüşmüştüm.

Sesinin tonunu, tınısını, desibelini çok net duyamasam da az çok kulağımda kalacak şekilde duydum sesini. İnce, tiz ve iç okşayıcıydı. Kulağa masal sesi gibi geliyordu. Usulca yaklaşmıştım yanına. Fark etmemiştin beni. Yanındaki arkadaşına: "Dışarıya hava almaya gidiyorum." demiştin. Çok uzun bir süre senden duyduğum tek cümle bu olacaktı. Uzun yıllar bu tek cümledeki ses tonunla oyalanacaktım.

Ben yoktum dünyanda daha. Fark ettirememiştim kendimi. Nüfuz edememiştim ruhuna. Sana iltica ettiğimi, sığınağının kapısında beklediğimi bilmiyordun. O kapıyı tıklatmaya çalışıyordum. "Kim O?" seslenişine muhatap olma derdindeydim. "O çaresiz, o aciz, o sana müptela benim." diyebilme arzusundaydım.

O kapının tokmağını tuttum. Bir şey sormak bahanesiyle tıklattım kapını. İlk o an farkıma varmıştın.

Ben İlk o an dünyanda, gölgelerin içinden çıkıp belirgin bir silüete bürünmüştüm. İlk o an sanaldan çıkıp gerçeğe adım atmıştım.

Sen beni fark ettiğin an, ben ete kemiğe büründüm. Aldın elimdekileri dikkatlice süzdün beni. Tek kelime etmeden kapattın kapıyı. O kapı hep mi kapanmıştı yüreğime, yoksa o anlık mıydı? Bu ikilemi derinlemesine yaşadım. Sana gelmiştim o gün, en taze, en heyecan yüklü duygularımla. Sen kapıyı açmış gül yüzünle şereflendirmiş, ortaya izleyip destan yazabileceğim bir gül yüzlü peri sunmuştun bana. Beni muhatap almış, bağımlın olduğumu fark etmiş olmanı arzu etmiş, en zayıfından üç beş ümit tutuşturmuştun elime.

Koşa koşa çıktığım merdivenlerden, seni arkamda bırakarak ağır ağır indim basamaklardan. İlk basamaklardan inerken, her an kapıyı açıp hadi gel beraber bir kahve içelim deyişini bekledim safça. Gel sen, bana içini dök, duyguların yankı bulsun, ümitlerin hayat bulsun deyişini hayal ettim. Açıl susam açıl dediğimde açılacağını sanacak kadar iyimsermişim. Meğer o kapı betondanmış. O kapıyı çok, çok zorlamam gerekecekmiş. Hafif bir zorlamayla açılacağının yanılgısına kapılmışım. Meğer, meğer o kapı hiç yokmuş.

Her şeyin bir çözümü vardı ama ben sende kilitli kalmıştım. İçimde yeniden yaratacağım bir dehaya, daha modern bir dehaya ya da gönül kapılarının kilidini çözecek bir tılsıma ihtiyacım vardı. Ama nasıl?

O gün açsaydın o kapıyı, buyur etseydin beni, müptelanı, yüreğimde dolup dolup tekrar içime geri akıttığım en karakterli duygularımı sunacaktım sana. Çayın yanına kek, kahvenin yanına lokum niyetine yedirecektim ruhuna. İddia ediyorum tadına vardığında duygularımın vazgeçemeyecektin artık, bağımlısı olacaktın.

Yüreğimin tam orta yerine koltuğuna kurularak oturduğunu, hayretler içerisinde görecektin. Sana hizmette koşuşturan duygularımın farkına varacak ve kopmayacaktın benden, kopamayacaktın senin için yeryüzünün en ferahlatıcı, en huzur verici yerinden.

Hey gitme yabancı! Gel tanıt kendini yüreğime. Çok da yabancı durmuyorsun. Bir yerlerden sana aşinayım, deseydin, kendime en yabancı duygularıma bile seni nasıl tanıtıp sevdirdiysem, sana en yabancı duygularına bile kendimi tanıtıp sevdirirdim kendimi.

Beş kat merdivenlerden inene kadar bekledim seslenmeni. Her indiğim basamakta ümitlerimi merdiven boşluğuna saça saça bitirdim basamakları. Basamakları bitirip dışarıya adımımı attığımda eski ümitlerim biterken, yeni bir ümit dalgası sarmıştı beni. Bir ara ciddi bir beklenti içerisinde buldum kendimi. Ne kadar da safmışım gerçekten. Beşinci katın penceresinden seslenip geri çağıracaktın güya. Ağır ağır, arkama dönüp baka baka yürüdüm. Adımlarım arttıkça ümitlerim azaldı. Yürüdüm. Aramıza sokaklar girdiğinde ümitlerimden eser kalmamıştı. Elimde bir tutam yenilgi, üç beş ölçek karamsarlıkla kalakalmıştım.

O yenilgiden sonra üç gün boyunca serseri duygularla, çarpık, çelişen, kararsız ve çökmeye hazır düşüncelerle bir tarafım hep sana dönük, ezik büzük gezdim ortalıklarda. Gül yüzüne temas edebilmek için aradım seni üç gün boyunca, en değerli hazinelerini kaybetmiş çulsuz gibi. Gözlerine rastlayamadım hiçbir mekanda, süremedim izini. Yer yarılmış da içine girmiştin sanki.

Dağınık düşüncelerimle strateji oluşturma çabasına girdim. Her bir tarafımın sana çıkması gibi, her strateji sana çıkıyor ama eksik, kısa kalıyordu sana ulaşmada. Bir türlü toparlayamıyordum zihnimi. En son, geliştirdiğim bütün stratejilerle yepyeni bir strateji oluşturdum. Yoğun çabalarım sonucu ev arkadaşını beni ders çalıştırmaya ikna etmiştim. Tembel bir öğrenci değildim ama sana ulaşmak için tembel rolü yapmaya hazırdım.

Senden çok farklı olan arkadaşın eğitecekti beni. Yine koşar adım çıktım merdivenleri. Kapının tokmağını tıklatmadan önce derin derin nefes alarak soluk alış verişimi düzenlemeye çalıştım. İnanılmaz heyecanlıydım. Bütün pozitif enerjimi toplayıp kapıyı en medeni halimi takınıp üç defa tıklattım, sessiz ama duyulur bir şekilde. Bütün beklentim senin kapıyı açıp, beni içeri davet etmendi. Kapıyı araladığımda seni göremedim. Kapıda iki bayan karşılamıştı beni. Üçüncüsü, en arananı yoktu. Sen yoktun, yok. Gözlerim seni aradı. Evin iç kısmında oturduğum yerden görüş alanıma giren her yere baktım defalarca. Gölgeni aradım, aralık kapından görgüsüzce. Yoktun sen.

Arkadaşın Leyla ders anlatmaya başladı. Ben dinliyormuş gibi yapıyordum. Kulağım senden gelecek seste, bilincim seni getirecek herhangi bir kıpırtıdaydı. Ama yoktun sen. Odana kapanıp saklanmıştın benden. Saklanıyordun, seni amansızca arayan gözlerimden. Kaç kapıyı kilitledin, kaç düğüm attın aramıza.

Elimde koca bir baharla gelmiştim kapına. Ümidin bin bir rengine bürünmüştüm. Tam bir saat sonra elim böğrümde, yapmış olduğum stratejinin koca bir hiçe dönüşünü, çölün ortasında soyguncuların yağmasına maruz kalmış, üzerindeki elbiseleri ve bütün ümitleri elinden alınmış adamın çaresizliğiyle ayrılıyordum evinden.

****

Elimde uzun kırbaçlarla dizginlemeye çalıştığım deli, diri ve asi duygularım vardı. Yönü sana dönmüş, gözlerini kan bürümüş, edep ve görgü kurallarını hiçe sayacak kadar çılgın duyguların sahibiydim o günlerde. Sana ulaşmak için yeni planlar yapıyor, yeni stratejiler geliştiriyordum, boşa çıkan her stratejiden sonra.

Yaptığım son hamlenin işe yaramamasıyla beraber, akşam; yaşadığımız kente, ruhuma indirdiği karamsarlık ve karanlık gibi çökmüştü. Yüreğimden sana açılan bütün yollar gibi sapmıştım evinizin yoluna. Gözlerim kararsız, düşüncelerim bulanık, hislerim çatışır halde; geri kalan ömrüm boyunca hep hatırlayacağım, hep hayıflanacağım, keşkelere boğulacağım, dönüp dönüp bir dini ritüel gibi tekrar tekrar yaşayacağım o sahnede buldum kendimi.

Aramızda en basit hesabından iki yüz metre vardı. Beni tir tir titreten endamınla karşıdan geliyordun. Gözlerini gözlerime dikmiştin. Hiç olmadığı kadar cesaret yüklenmiştim o an. Ben de haddimi bilmeyerek küstahça, en cahilinden cesaretimle gözlerine dikmiştim gözlerimi. Gözlerini kaçıracağını, yönünü değiştireceğini ya da en iyi ihtimalle yüzünü buruşturarak öfkeni kusacağını düşünmüştüm.

Şaşkındım, heyecanlıydım ve olumsuz hiçbir şey okunmuyordu gözlerinden. Kader bu akşam tersinden çalışıyordu benim için. Çarkları ters dönüyordu talihimin. Aramızdaki mesafe yüz metreye kadar inmişti. Daha da belirginleşmiştin. Gözlerin hala bendeydi. Ben bu anı en iyi şekilde değerlendirme derdindeydim. Avuç avuç yolluyordum gözlerimden gözlerine en saf sevgimi. Bakışmamızdan hiç rahatsız değildin, sanki kabul ediyordun o avuç avuç sevgiyi. Halinden memnundun, ümitlenmem için bir sebep vardı sanki. Artık aramızdaki mesafe on metreye kadar inmişti. Geliyordun bana, ben zaten hep geliyordum sana. Gözlerini kırpmadan bakıyordun bana. Ben çekim alanına çoktan girmiştim bile.

Aramızdaki mesafe sıfırlanınca birbirimize bakmaya devam ettik. Geri geri yürüyor aynı zamanda bakıyorduk birbirimize. Sen bütün kapıları açmıştın bana: "Hadi gel ey yabancı! Anlat bana sevgini, dök içini. Duyguların karşılık bulacak." diyordun her halinle. Bundan daha net bir tavır olamazdı.

Birbirine ters giden araçlar gibi aramızdaki mesafe açılıyordu. Uzaklaşıyordun benden. Ben çok ümitlenmiştim. Bu fırsatı kaçırmamam gerektiğini söylüyordu iç sesim. "Eylül" diye seslenmeliydim sana. Efendim, diyeceğinden kuşkum kalmamıştı. Usulca yaklaşıp yanına merhaba diyecektim büyük ihtimalle. "Nasılsın?" diyecektim, sen: "İyiyim." diyecektin muhtemelen. Sen de "Nasılsın?" diyecektin belki de. Ben sana, senin sesine, bedenine, ruhuna muhatap olmanın sarhoşluğuyla: "İyiyim." diyecektim. "Nereye gidiyorsun Eylül?" diye soracaktım. Sen "Çarşıya." diyecektin. Sen "Nereye?" diyecektin? Ben: "Ben sana geliyordum, sana yürüyordum, seni diliyordum, seni arıyordum. Benim tek uğraşım sendin. Seni aramak, bulmak, yüzündeki huzuru yudumlamak ve endişesiz yaşamak." Sen, "O zaman beraber yürüyelim çarşıya." diyecektin belki. "Sana eşlik etmek, yanında yürümek, özdeşleşmek, beraber aynı yöne yönelmek ne büyük bir saadet." diyecektim. Yolda yürürken ben sana olan duygularımı anlatacaktım. Açacaktım sana gönül soframı. Ömrünün sonuna kadar seni mutlu edecek yüklü duygularım vardı. Ben sana anlatırdım, sen usulca dinlerdin beni. Hayretlere düşerdin içimdeki sevgiyi dinledikçe. Sonra büyükçe bir sevginin içinde olduğunun farkına varırdın. Gönül kapılarını sonuna kadar açardın bana. Ben o kapılardan girer, gönlünün en huzursuz yerlerine bir hekim edasıyla müdahale eder, şifa dağıtırdım ruhuna.

Olmadı ama yapamadım. Bütün cesaretimi toplamama rağmen son adımı atamadım. Seslenemedim sana. "Eylül!" diyemedim. "Bekle beni. Beraber yürüyelim bu zahmetli yaşam yolunu." diyemedim.

Ömrüm boyunca gelip gelip boğulacağım, derin ahların, sonu gelmez pişmanlıklarımın anbean canımı yaktığı bir sahne olarak kaldı, o insafsız sahne.

Biliyor musun ey sevgili, ben o sonunu bağlayamadığım sahnenin yıllardır can çekişen yaralısıyım. Her o sahneyi yaşadığımda, seni durduramayıp söyleyemediklerimin esiri, aktaramadığım duygularımın gazisi, tüm ümitlerimin şehidiyim.

O sahne bir karabasan gibi ömrümün üstüne çökecek, Demokles'in kılıcı gibi hep başımın üstünde sallanacaktı. Keşkelere bezenmiş, ahlarla inlemiş, gözyaşlarımla süslenmiş, beklemeyi ömrünün yegane amacı haline getirmiş tek ve en önemli pişmanlığım olarak kaldı, senden bana o sahne.

O sahneyi yaşadığımda henüz yirmi bir yaşındaydım. Ben o an sana geç kalmıştım. Ömrüme de tıpkı sana geç kaldığım gibi geç kalacaktım hep. Hep gerisinden takip edecektim yılları. O akşamki kaybımın büyüklüğünü yıllar geçtikçe tecrübe ederek fark edecektim.

Sana o gece açılamayıp adım atamamıştım ama ümitlerim diriydi. Sonraki üç günü mayhoş bir ruh haliyle geçirdim. Takip eden yirmi gün hiçbir yerde ulaşamadım ne sana, ne de izine. Sen yoktun, ben seni deliler gibi arıyordum. O en önemli kısmı tamamlanamamış sahnenin yaşandığı gecenin üzerinden yirmi koca gün geçmişti. Evimizin balkonunda yüreğimin kıyısında sana emaneten tutunup otururken, o bahtsız an gelip yüreğimin diğer kıyısına, seni dengeleyen kıyısına kaldıramayacağım ağır bir yük olarak oturdu.

Teknem alabora olmuştu. Sulara gömülmüştüm ta yüreğimden. Kaç mil battım yüreğimin, denizinin, yerin dibine, bilmiyorum. Kaç hamlede tekrar yüzeye çıktım anımsamıyorum. Şunu net hatırlıyorum, yüzeye çıktığımda sen yoktun. Buharlaşmış uçmuştun. Ellerimin arasından kayıp, daha yürekli, daha hızlı bir yüreğe yelken açmıştın. Sürat teknesiyle uzaklaşıyordun benden. Seni benden alan, çalan kaptanın ellerini sımsıkı tutmuştun. Benim için ağır yenilgiyle bitmiş bir serüvene dönüşmüştün. O teknede gayet mutlu görünüyordun. Dönüp bir kere bile bakmadın arkana. Bir çift gözün yenilmişliğini, ezilmişliğini, pınarlara dönüşünü hiç görmedin ve hiç göremeyecektin.

Uyan dedim ey yüreğim, uyan. Ne kaybettiğinin farkında mısın? Farkındalığım saniye saniye tüm benliğime yayılıyordu. Farkındalığım maksimum düzeye ulaşıp şaşkın hücrelerim kendine geldiğinde kahroluyordum o gece "Eylül" diyemediğim için. Sana o akşam açılamadığım için. Sana son adımı atamadığım için.

Seni kaybettiğimi anladığım, ömrümün o kırılma anında, gözlerimin karardığını, baştan ayağa sinirlerimin boşaldığını hissettim ayakuçlarımda.

Her hücremde derin kıyımlar yaşanıyordu. Duygularımın yer değiştirmelerine, birbirlerini satmalarına, bir yerlerimin bir yerlerime sataşmalarına şahit oluyordum. Ruhumda doğal afetleri aratmayacak yıkımlar yaşanıyordu. Kılımı kıpırdatmadan izliyordum olan biteni. Senin tamamıyla yok oluşunun büyük çöküşünü yaşarken, büyük bir kaosa ev sahipliği yapıyordum.

Ne de çaresiz bir ev sahibiydim. Ev sahipliği yapamamıştım sana. Kayıp gitmiştin avuçlarımdan. Ve ben seni kaybetmiştim.

Ben neler neler hayal etmiştim seninle. Ben kütüphaneci, sen ise öğretmen olacaktın. Sen okuldayken, ben her gün bir düzine kitabı tarayıp, en güzel aşk hikayelerini, sevda kokan şiirleri bulup bulup sana okuyacaktım. Sen başını omzuma koyup masal tadında dinleyecektin. Sonra dönüp bu okudukların hep başkalarının yazdıkları deyip sitem edecektin. Ben de çenenin altından tutup gözlerimi gözlerine dikip cebimden senin için yazdığım duygu yüklü son serenadımı okuyacaktım.

Bir bağ evimiz olacaktı en yeşilinden. Terası olacaktı ve akşam saatlerinde hamağımıza uzanıp sevgimizi yenilediğimiz aşk saatlerimiz... Hamakta beraber uyuyup, aynı rüyayı görüp aynı anda uyanacaktık.

Yolculuklarımız olacaktı birlikte çıkacağımız. Gittiğimiz yerleri farklı bir anıyla tekrar adlandıracaktık. Kendi duygusallığımızda farklı bir şekilde kodlayacaktık. O yolculuklarımızdaki yerler herkes için genel, bizim içinse özel olacaktı. İkimizin özeli.

Satranç oynayacaktık beraber, ey arkasına bile bakmadan çekip giden güzel. Çok iyi bir satranç oyuncusu olacaktın. Zorlayacaktın beni, bazen de yenecek. Ben atla eylüL çizecek, sen fille çarprazımdan vuracaktın. Ben gözlerinin derinliğinde kaybolup en ince, en hassas duygularımla derinlerine saldırıp şah çekecek, sen duygu yoğunluğuma dayanamayıp mat olup teslim olacaktın.

Kendi sesimizden, sevgimizden türkülere yeni özgün, aykırı bir anlam yükleyecektik. Ben saz çalacaktım, sen o billur, bütün kaskatı duyguları eritici sesinle türküler söyleyecektin. Börtü böcek ne kadar canlı varsa sesini daha net duyabilmek için işi gücü bırakıp kıyama duracaktı. Her varlık kendi münasip haliyle mest olacaktı. O bağ evimiz çevremizdeki bütün canlılar için huzur ve güven adına kurtarılmış örnek bir yer olacaktı yeryüzü içinde.

Sinemaya gidecektik beraber. Filmlerdeki aşkların bile aşkımızdan ne kadar ırak olduğunu bir kez daha anlayıp, dudak büküp küçümseyecektik. O sevgimizin kutsallığına bir kere daha sığınıp birbirimize daha sıkı sıkıya sarılıp ıslanacaktık aşkımızda.

Dur ey sevgili nereye gidiyorsun? Biz daha senle insanlığa, dünyaya yön verecek bir icat geliştirecektik. Yüreklere, zihinlere dokunup harekete geçirecektik.

Dur ey sevgili nereye gidiyorsun? Sımsıkı tuttuğun o yabancı elle, sana endekslenmiş bir ömrü başımda boca ederek.

Bağırmak istedim, haykırmak istedim gitme Eylül, gitme ne olur. Seni benim kadar seven, saran olmaz.

Bağıramadım...

Sesimi ulaştıramadım...

Bütün seslenişlerim, serzenişlerim içimde büyük bir gürültüyle patladı...

Ezildim, büküldüm kendi içime...

Küçüldüm, küçüldüm kocaman kainatta ve değersiz bir ayrıntı olarak yerimi aldım doğal dengede. Artık hiçbir anlam yüklü değildim. Senle yüklüydüm sadece. Sen de yoktun işte.

***

Üç gün üç gece sürecek en sancılı dönemim başlamıştı. Kapandım odama, kapandım karanlığıma. Ört dedim üstüme bütün karanlığı ey gece! Karanlığa dönüş ey gündüz!

Bitkisel hayata geçmek istiyordum. Duygularımın, düşüncelerimin üstü kapansın; beton dökülsün istiyordum üstüne. Donmak istiyordum tepeden tırnağa. Her hücrem acı, pişmanlık ve keder yüklüydü. Hangi tarafıma dönsem büzüşmüş bir zavallılık içindeydi. Her yanım inliyordu; beynimin içi, yüreğimin dibi, serseme dönmüş ruhum, amaçsızca neden sonuç ilişkisi kurmaya çalışan bilincim, bir türlü açılmak istemeyen göz kapaklarım...

Büyük bir karmaşa yaşıyordum ey sevgili! Zamandan haberim yoktu. Saat kaçtı? Günlerden hangi gündü? İnsanlar günün normal olağan akışında şu an uyuyor muydu? İş saati miydi? Sensiz zaman neydi? Kaçtı? Ne kadar kıymetliydi?

***

Sen kayıp gitmiştin ellerimden. Odamdaki karanlıktan ve soluduğum havanın yenilmiş kokusundan fark ettim seni kaybettiğimi, tekrar tekrar uyandığım kabuslardan. Hangi hatanın, yanlışın, günahın pişmanlığı, benim o akşamki sahnedeki pişmanlığıma ulaşır? Kaç tane bilenmiş, hazırlanmış, sana dönmüş duygumun katili, acı çeken kaç tane hücremin sadistiydim?

Tek ve son bir adım atamamın bedeli bu kadar ağır mı olmalıydı? Bu muydu karşılığı? Adalet neresindeydi bunun? Neresinden tutmalıydım bu girift bilmecenin? Ben o an ka-

inatın neresinde, doğanın kurallarının hangisinden çelme yemiştim? Neresinden avlanmıştım doğal döngünün? Yaratıcının beni gördüğünden şüphem yoktu ama o an beni muhatap alıyor muydu, alacak mıydı? Müdahale edecek miydi?

Üç koca günün sonunda bütün canlılık belirtilerim minimuma inmişti. Her tarafım susmuştu. Çıt çıkmıyordu benden. Ciddi bir karmaşadan sonra, yılgınlık, ezilmişlik ve öldürücü bir yenilginin sessizliğini yaşıyordum. Kabullenmiştim yenilgiyi. Son bir hamledeki gecikmişliğim, sonuçları itibariyle müthiş olacak bir zaferi, ağır bir yenilgiyle neticelendirmişti.

Üç gün boyunca yenilgiyi dengeleyip, hazmetmeye çalışmıştım. Benimsemiş ve kabullenmiştim. En zor dönemimi atlatmıştım. Ya da tamamıyla atlatıveririm diye düşünmüştüm. Unuturum diye ümit vermişti arkadaşlarım. Öyle avuttum sana karşı uyarılmış, sana susamış veya kaybetme şokunu yaşamış her duygumu. Küçük bir ümit kırıntısı yeşermişti içimde, içimdeki o büyük fırtınadan sonraki yıkıma karşı. Zaman her yokluğun, her kaybedişin ilacıdır diye biliyordum. Fakat günler geçtikçe içimdeki sen isteği gram azalmıyordu Eylül. Yer yer seni isteme başkaldırıları, isyanları çıkıyordu bağrımda. Bastırmada güçlük çektiğim dönemler oldu. Yokluğunu tam anlayamamış eksik taraflarım da zaman geçtikçe, artık gelmeyeceğini kabulleniyordu. Hislerimdeki yoğunluk hiç azalmıyordu ama. Görünüşe göre sensiz, senle yaşamaya alışıyordum. Yeni bir çözüm yolu üretiyordum. Yeni çözümüm: Seni, sensiz yaşamak ya da yaşayabilmek.

Hastaneden çıktıktan sonra eve geldiğimde boy aynasının karşısına geçip izledim kendimi. Rengim solmuş, gözlerimin altı morarmış, canlılık belirtilerini kaybetmiş bir durumda gördüm kendimi. Çok acıdım, içerledim kendime. Üzüldüm talihime, kendime, yarınlarıma, geç kalışıma. Ben o halimi incelerken gözlerim, saçım ve sakallarım arasındaki boşluklara kaydı. Daha bir dikkatli bakınca yer yer saçlarım ve sakallarım arasında boşluklar oluştuğunu gördüm şaşkınlıkla. Saçkıran olduğumu fark etmem çok zaman almadı. Büyük boşluklar oluşturup gitmiştin yaşamımda. Her şey eksik, anlamsız ve yarım kalmıştı. Tedaviyle geçti saçlarımdaki ve sakallarımdaki büyük boşluklar ama ruhumdaki boşluklar hiç dolmadı ey sevgili.

Zaman akıyordu. Ben direniyordum. Sen kapılmıştın o hızlı kaptanın rüzgârına. Ayakların yere basmıyordu. İnmiyordun dünyaya, dünyama. Görmüyordun beni, fark etmiyordun.

Akıyordu zaman, ben yalpalıyordum. Sen mutlu görünüyordun, huzur yudumladığını sanıyordum. Ben yaşama tutunuyordum, senle bağlı olduğum yaşam ipinde. Sen ipimi çekmiştin çoktan. Ben sallanıyordum boşlukta. Bir gidiyor, bir dönüyordum etrafında.

Seni en son gördüğümde başında yeşil bir bere vardı. Lüle lüle saçların sarkmıştı kenarlarından. Yalnız adımlıyordun çarşıdaki kaldırımları. Yanına sokulmayı düşündüm bir an. Geç kaldığımı, senin erken gittiğini hatırlayıp gerçeği çarptım yüzüme. Bir o dükkâna bir bu dükkâna girdin. Sen eve girene kadar takipte kaldım. İçime doğmuştu sanki seni son görüşüm olduğu... Apartman kapısını kapatırken yüzüme, göz göze geldik. Kısacık bir an odaklandın bana. Sonra kapattın kapıyı. Bıraktın beni enkazımla baş başa. Ben o enkazı alıp gittim kendi dünyama.

Kocaman bir enkaz bırakmıştın bana. Yıllarca uğraşıp uğraşıp parçalarını bir türlü birleştiremeyeceğim bir enkaz. Evet, senden bana kalan o enkazı kabullenmiştim. Enkazı yüreğimde gelişigüzel yığdım. O enkazda seni arayacak, seni bulacak ve en zoru da o enkazda seni yaşatacaktım. Ne de zor ve zayıflatıcı bir imtihanın sahibi olmuştum birdenbire.

Üç yıl sonra ben kütüphaneci oldum, sanırım sen de öğretmen. Anadolu'nun yeşiliyle ünlü bir kenti olan Rize'nin şirin ilçesi Çamlıhemşin'de kitapların içinde buldum kendimi. Sen muhtemelen öğretmen olmuş, evlilik hazırlıkları yapıyordun. Senden yana hiçbir haber kaynağım yoktu. Olsun da istemiyordum doğrusu. Senden gelecek hiçbir haberin bana artı katkısının olacağını sanmıyordum. Yaşamıma dönük hiçbir tarafın yoktu çünkü. Hiçbir beklentiye de sokmuyordum kendimi. Tek uğraşım kitaplar olmuştu. Kitaplarda izini sürüyor, şiirlerin mısralarında diziyordum gerdanlığını. Sen kayboluyordun kitaplarda, ben izini sürüyordum. Bazen günlerce, gecelerce rastlayamıyordum sana. Bazen de ansızın bir hikâyenin kahramanı olarak canlanıveriyordun okuduğum mısralarda, dizelerde...

Okudum meleğim, yıllarca okudum. Ey güzel, hikayede en iyi nasıl şekil alırsın diye didik didik araştırdım. Seni en iyi nasıl tasvir ederimin derdine düştüm.

Yüreğimdeydin, ruhumdaydın, her an yanımdaydın. Seni tasvir etmeye çalışsam ya da anlatmaya çalışsam en güzel, en anlamlı kelimeler, söz öbekleri neler olurdu diye aralıksız araştırmalarıma devam ettim.

Seni hep içimde yaşatmıştım. Kimseye anlatmamıştım. Kimseye anlatmaya niyetim de yoktu zaten. Sen benim gizlimdin, sırrımdın. Olur da (olmaz da) bir gün karşıma çıksan nasıl anlatacaktım sevgimi sana. Hayal kuruyordum işte. Sanki karşıma bir gün çıkacaksın da ben sana sevgimi anlatacağım da... Benimkisi kof bir düştü. Ben gerçekleşme olasılığının çok düşük olduğuna inandığım o güne hazırlanıyordum. Beni onurlandırabileceğin o uzak güne.

Bütün enerjimi kitaplara yoğunlaştırıyordum. Bilirsin insanımız kütüphanelere pek yabancıdır. İlgisizdir kütüphaneler. Kimsesiz ve sahipsizdirler. Genelde yapayalnız otururdum kütüphanede günlerce. Günlerce kimsecikler uğramazdı. Neyse ki çocukluğumdan beri kitapları çok severdim. Bir tarafımı hep onlar meşgul ederdi. Saatlerce dalardım kitapların dünyasına. Kitaplarda karşılaştığım her farklı insan tipini anlatırdım sana. Her sevgiliyi senin potanda eritip, içinden en çıkılmaz olayları, senaryoları hep senle konuşarak çözerdim. Yeni okuduğum bir kitaptaki hikâyeyi önce sana okur, yorumlarına bırakırdım kitabın analizini. Ezberlediğim şiirleri defalarca seslendirirdim sana. Bilir misin sevgili, sonu kötü bağlanan aşk hikâyelerinden sonra sana hep Cahit Sıtkı'nın "Desem ki..." şiirini okurdum. En beğendiğim, beni en iyi anlatan şiirlerdendi. Çoğu kez o limana demir atardım. Bir daha okuyayım sana istersen. Müsait misin acaba? Duyabilecek misin beni? Ya da hissedebilecek misin uzaklardan sana ulaşmaya çalışan yakınlığı ve yanıklığı? Eğer hissediyorsan ve hazırsan yum gözlerini ve dinle beni ey sevgili:

DESEM Kİ

Desem ki vakitlerden bir Nisan akşamıdır,
Rüzgârların en ferahlatıcısı senden esiyor,
Sende seyrediyorum denizlerin en mavisini,
Ormanların en kuytusunu sende gezmekteyim,
Senden kopardım çiçeklerin en solmazını,
Toprakların en bereketlisini sende sürdüm,
Sende tattım yemişlerin cümlesini.

Desem ki sen benim için,
Hava kadar lazım,
Ekmek kadar mübarek,
Su gibi aziz bir şeysin;
Nimettensin, nimettensin!

Desem ki...
İnan bana sevgilim inan,
Evimde şenliksin, bahçemde bahar;
Ve soframda en eski şarap.
Ben sende yaşıyorum,
Sen bende hüküm sürmektesin.
Bırak ben söyleyeyim güzelliğini,
Rüzgârlarla, nehirlerle, kuşlarla beraber.

Günlerden sonra bir gün,
Şayet sesimi fark edemezsen,
Rüzgârların, nehirlerin, kuşların sesinden,
Bil ki ölmüşüm.
Fakat yine üzülme, müsterih ol;
Kabirde böceklere ezberletirim güzelliğini,

Ve neden sonra
Tekrar duyduğun gün sesimi gök kubbede,
Hatırla ki mahşer günüdür
Ortalığa düşmüşüm seni arıyorum.

Bu şiiri gıyabında o kadar fısıldadım ki kulağına ey sevgili! Kulağın hiç çınladı mı? Ruhun okşandı mı? Ruhumdan kopup gelen duygu yüklü mısralar, içini titretip irkildin mi? Hangi tarafımda olduğunu bilmeden bir o yana, bir bu yana haykırdığım dizelerim, çok yoğunlaşmış olduğun bir işteki zaman diliminde bir an bile olsa dikkatini çekip durdurabildi mi seni?

****

Habersiz yaşıyordum senden. Zaman akıp gidiyordu. Ülkenin en ücra köşelerinden birine gidip yerleşmiştim. Gözlerimi, kulaklarımı dış dünyaya kapatmış, sensiz, zamanda yavaş bir ritimde yaşamıma devam ediyordum. Kendimi bu kadar kapatmama rağmen, seni gördüğüm o ilk anın üzerinden yedi yıl geçerken senden ilk haberi almıştım. O yaz senin memleketine, doğup büyüdüğün ilçene bir arkadaşın düğününe gelmiştim. Düğünde gördüğüm eski arkadaşlara tedirgin bir şekilde sormuştum seni. Önceki yıl dillere destan bir düğünle evlendiğini söylemişlerdi. Ne de kolay söylemişlerdi. Ne de bir çırpıda söylemişlerdi. Aynı elemanla da evlenmiş ve gayet mutlu görünüyormuşsun ey sevgili.

Arkadaşın düğünü gece bitmişti. Sabaha kadar bekledim doğup büyüdüğün şehirde. Gitmek için acele etmedim. Sen orada olmasan da ben senin soluduğun havayı soludum. Bir başkasının da olsan, onunla mutlu olduğunu da bilsem sabaha kadar huzurluydum o şehirde. Seni düşünüp, seni yaşadım gece boyunca. Olabilmesi milyonda bir olan düşler kurdum. Konuşturdum seni. Kaç kez gidip gidip yaşadım o avucumun içinden kayıp gittiğin sahneyi. Yaşayıp yaşayıp yıkıldım o sahnede. Kaç kez gidip seni o ilk gördüğüm sahnede bana açtığın pencereden, pencerenin buğulu camlarından bakıp, buğulu gözlerle bekledim. En canlı ve en aktif halinle yaşadım seni. Hakkını tam anlamıyla verdiğimi düşünüyorum o gecenin.

Evlenmiş olmanı sindirmeye çalıştım oturmuş olduğum terminalin bekleme salonunda. Her gecemin finalini zaten senle yapardım ama o gece tamamıyla sana ayrılmış, sana özeldi. Baştan sona her ayrıntısı senle doluydu. Sabahın ilk ışıkları uyumayan gözlerimi kamaştırdığında gidip bilet alıp seni bulamadığım ve en son kaybettiğim şehirden ayrıldım. Dönüş yolu boyunca seni yuttum, sende yutkundum, sana sokuldum, senden kovuldum. Düş düş içinde, rüya rüya içinde gördüm.

Ülkenin öbür ucundaki şehrime döndüğümde küçük bir ihtimal olarak bende yaşayan seni tekrar kazanabilme ümidi yerle yeksan olmuştu. İlk işim kütüphaneye gitmek oldu ertesi gün. Can havliyle attım kendimi kütüphaneye. Kitapları uzun uzun kokladım, seni koklar gibi. Gözlerimden damlalar akıyordu koyu çekik gözlerine. Sitemlerime keşkeler karışıyordu. Sitemlerimin odağında sen vardın: Niye beklemedin biraz daha? Niye zaman tanımadın bana, kendine? Seni en çok ben seviyordum, en çok ben hak ediyordum. En çok ben mutlu edebilir, en çok ben şımartabilirdim. Sadece sevgimi akıtmayacaktım sana, dünyanın üzerinde durabildiği şefkatimi de tattıracaktım. Niyelerle örülmüş koca koca sitemler yığdım kendime, sana, ortak havuzumuz olan bize. Boğazımdaki düğüm çözüldüğünde; özlemime, sevgimin yaptığı basınca, ani yükselip alçalan kalbimin ritmine, hep eksik tutunduğum yaşamıma ağlarken buldum kendimi.

***

Seni o ilk gördüğüm günün üzerinden on koca yıl, on sensiz, senden habersiz yıl geçmişti. Annemin yoğun baskıları altında iki defa nişanlanmış sonrasındaysa iki nişanı da bozmuştum. Ben seni taşırken, sana dönük, durmadan seni doğurup sana her daim gebeyken başkasını alamazdım hayatıma. Kandıramazdım ne kendimi, ne de bir başkasını. Günahına giremezdim. Bütün sevgim sana akıyorken başkasını öylece bekletemezdim bir damla sevgi için. Bir yıl sonra da annem mürüvvetimi göremeden vefat etti. Vasiyet etmişti evlenmemi. O vasiyeti boynumun bir tarafında hep asılı kalacaktı. O vasiyetin yerine getirilmeyişinin ağırlığını annemi her hatırladığımda hissedecektim. Annemin ölümüyle yapayalnız kalmıştım. Yapayalnızdım ve ne yapacağımı bilemez durumdaydım. Sen yaşlanıyordun benden haberin olmadan. Canlı bir ceset gibi yaşamıma devam ediyordum. Yıllar önce okumuştum bir yerde: "Bir insana verilebilecek en büyük ceza, o insanı yok saymaktır." Seni dert etmiş, seni kendinde yüceltmiş bir iradeden habersizdin. Yok sayılıyordum. Farkında olsan, duysan böyle bir sevgiyle yoğrulduğumu ne hissederdin acaba? Ne tepki verirdin? Mutlu olur muydun acaba? Yoksa yüzünü buruşturup: Bu da nereden çıktı, der miydin?

Kendine yeni bir dünya kurmuş, o küçük dünyanda mutlu mesut yaşıyordun büyük ihtimal. İşin en acı tarafı ben yaşamında küçük bir ayrıntı bile değildim. Kim bilir boy boy çocukların vardı artık. İsimlerini ne koydun acaba? Benim ismimi hiç telaffuz ettiğin oldu mu?

Sensiz benim bütün düşüncelerim, duygularım hep askıda kaldı. Sana teslim edemediğim emanetlerim o kadar birikti ki ey güzel. Aktarabilseydim rahatlardım belki, hafiflerdim.

***

Sensiz geçen on dördüncü yılıma girerken ağır bir bronşit geçirdim. Bir hafta hastanede olmak üzere bir ay yattım. Bronşitin azmasında muhtemelen içtiğim sigaranın da etkisi olmuştu. Akciğerlerim ciddi zedelenmişti. Sigaranın bunda ne kadar vebali varsa da; seni ararken, seni düşlerken çektiğim derin ahların da ciğerlerimin tahribatında en az sigara kadar vebali vardı.

İnanır mısın adı güzel Eylül, ilk defa ölümden korktum. Seni son kez bile olsa da görememekten, sana aktaramadığım duygularımın yüzeye çıkamadan gömülmesinden, senin tarafından tanınmayıp, hissettiklerimin benimle beraber bir hiçe dönüşmesinden korktum, ürperdim. Ölüme ilk o an reaksiyon verip, direnç gösterdim. Bu büyük veballe, bu büyük günahla ölemezdim, ölmemeliydim.

Ömrümün son günü de olsa, Allah'ın seni karşıma çıkaracağı günü bekliyordum. İçimde hep bir ümit olarak taşıdım bunu. Sımsıkı sarıldım o ümide. Belki bir gün Allah nasip eder de gerisi kendiliğinden gelirdi.

Ne çok şey birikti bende Eylül. Ne çok koleksiyon yaptım sende. Ne çok biriktim bir bilsen ey sevgili! Seni gördüğümde bentlerini yıkıp coşacak ne serseri duygularım gelişip olgunlaştı. Bastırdığım, bastırmayı başaramadığım; varlığından haberdar olduğum, bihaber olduğum, kendiliğinden gelişip sana yönelen ne çok duygum oluştu. Hepsi kıyamda seni bekler.

O yıl çok zor ve kasvetli geçiyordu. Yoğunluğun yoğunluğumu kasıp duruyordu. Bir o kıyıya vuruyordum, bir öteki kıyıya. Salıncağa dönmüştü yaşamım. Bir ip gibi rüzgarın önüne savrulmuştum. Bu kadar zorluğun, karamsarlığın içinde debelenirken seni, kasvetimi şikayet edebileceğim, sitemlerimi, serzenişlerimi bir üst makama, en üst makama aktarmak için umreye gittim. Dünyanın merkezine. Yaşadıklarımı birinci elden sunacaktım o yüce makama. Ruhumda büyük boşluklar, maneviyatımda kocaman gedikler açılmıştı. Yara bere içindeydim. Merhem sürünmek, sızılarımı bir nebze de olsa dindirmek umudundaydım. İhrama girerken bütün günahlarımdan arınıyorum sanıyordum. Seni yanı başımda hayal ediyordum. Beyazlar içinde kanatsız bir meleğe dönüşmüştün. Her gittiğim yere götürdüğüm gibi yine sen yanı başımdaydın işte. Uçak havalandığında gözlerimi yumdum, yanımdaki koltukta hayal ettim seni. Biraz sonra uçak inecek, beraber inecektik. Gerçekte sen yoktun tabii, hiç olmamıştın ve olmayacaktın büyük ihtimal. İzdüşümün bile yansımayacaktı yaşamıma. Kökleri kurumuş bir ağaç gibi taşıyordum seni kendimde, her nereye gidiyorsam. İşte yine yanı başımda, içimde, en hassas yerlerimde taşıyordum seni.

Uçağımız ilk Mekke'ye inmişti. Otobüslerle Kabe'ye gidiyorduk. Kabe'ye, dünyanın ve manevi alemin merkezine inerken heyecanım had safhaya çıkmıştı. Oluk oluk insan akıyordu Kabe'ye doğru. Her renkten, her ırktan insan kutsal bir görevi ifa etmenin derdindeydi. Milyonlarca dua, istek, yakarış aynı anda gökyüzüne çıkıyordu. Kabe'ye yaklaştığımızda rehber gözlerimizi kapatmamızı istedi. Kabe'yle karşılaşmamıza ramak kalmıştı. Kabe'yi gördüğümüzde en çok istediğimiz şeyin duasını yapmamızı salık verdi. Gözlerimi sımsıkı kapatmıştım. O ana odaklanmıştım. Kabe'yle göz göze geleceğim o ana. Duam da dileğim de hazırdı. Yıllardır hazırlamıştım, ezberlemiştim. Rehberin sesini bekliyordum ki: "Gözlerinizi açıp duanızı edebilirsiniz." dedi. Gözlerimi açtığımda Kabe'nin göz alıcı, görkemli yapısı beni mest etti. Gözlerimi Kabe'den alamadan dudaklarım, ruhum beynim, topyekûn bütün varlığım duaya durdu. Her yerimden dualar, istekler fırlıyordu. Her bir yanım ne isteyeceğini gayet iyi biliyordu. Biz buna yıllardır çalışıyorduk. Diliyorduk seni, dileniyorduk o yüce, en yüce makamdan. Biliyorduk: O ol dese her şey olurdu. Olmayan şartlar oluşur, en olmazlar oldurulurdu. Bunun bilincinde durmuştuk kıyamda duaya. En kutsal, en doğal, sende en tecrübeli duygularımı öne sürüp, koşturdum diğer bütün duygularımı. Seni dileniyordum, ölmeden ulaşabilmeyi dileniyordum. Ondan sana aktaracaklarım için fırsat vermesini.

Kabe'nin etrafında dolanırken, seni istiyordum ondan. Rabbimin büyüklüğünden, kudretinden zerre şüphem yoktu. Kabe'nin etrafında dönerken bunu teyit ediyor, büyüklüğü karşısında eğiliyordum. Benim bir maruzatım vardı. Ne yazık ki içimde bir yangın, dışımı çepeçevre saran bir hüzün vardı. Nefes aldırmayan bir kasvet. Bu yılgınlığıma, yenilmişliğime, unutulmaya yüz tutulmuşluğuma bir çare versin istiyordum o yüce makamdan.

Rehber eşliğinde Kabe'nin etrafında dönüşlerimizi tamamladıktan sonra say yaptık. Safa Merve arasında gidip geliyorduk hızlı adımlarla. Hazreti Hacer'in içerisine düştüğü çaresizliğe benzer bir çaresizlik içerisindeydim. Hazreti Hacer çocuğunun susuzluğu için o tepeden bu tepeye nasıl koştuysa ben de içimdeki o "sen"e bir çare bulmak için bir o tarafa bir öteki tarafa hızlı adımlarla koşturuyordum.

Umre ritüellerini öğrendikten sonra kafileden ayrı takılmaya başladım. Tabiri caizse kendi yakarışlarımla bam teline dokunmaya çalıştım Rabbimin. En hassas duygularımı, isteklerimi Kabe'nin kalbinden direkt Allah'ın arşına ulaştırmaya çabaladım. İbadetlerin, manevi âlemlerin merkezine gelmiştim. Hz. İbrahim'in mekânı, peygamberimizin çile çektiği yer.

Kaç yüz defa tavaf yaptım, Safa Merve arasında kaç kez gidip geldim, sayamadım. Yaptığım her ekstra ibadetin, o yüce makamda yankı bulacağı ve seni bana yaklaştıracağı ümidindeydim. Bu düşünceyi bir an bile aklımdan çıkarmıyor, bu bilinçle ibadetlere asılıyor, seni dilimde dualarla, zikirlerle O'ndan istiyordum.

Hira Dağı'na, peygamberimizin inzivaya çekilip, kendisini insanlardan tecrit ettiği mağaraya çıktığımda, tepeden bu mübarek kenti izledim. Hz Hatice'nin bu kadar yolu nasıl her gün peygamberimize yemek taşımak için gidip gelip kader yolu yaptığına şaşırıp peygamberimizin şu iltifatına: "Allah Teâlâ bana ondan daha hayırlısını vermedi. Halk bana inanmazken o inandı. Herkes bana yalancı derken o doğru söylediğimi kabul etti. Kimse bana bir şey vermezken o beni malıyla destekledi ve Cenâb-ı Hak bana ondan çocuklar ihsân etti" mazhar olmasının bir hak olduğunu düşündüm.

Sevr Dağı'nda, düşmandan korunmak için sığındığı o mağarada, iyi gününde, kötü gününde yanında olabilecek bir Ebubekir tahayyül ettim. Gerekirse ayağını yılan deliğine kalkan yapabilecek biri olmalıydı yaşamamızda, yanı başımızda.

Mekke'den ayrılık vakti geldiğinde son bir defa daha bütün içtenliğimle Kabe'ye kapaklandım. Gözlerim buğulu, ellerim semada son bir kez daha dilendim seni o yüce makamdan.

Kış ne kadar çetin olsa da

Yer yer kısa baharlar yaşatır bağrında

Umreden dönüşümün ertesi haftasıydı. O seni ilk gördüğüm pencerenin dibine bir kere daha gelmiştim. Umrede ettiğim onca duanın yankı bulabileceği beklentisiyle tıklattım o pencereyi. O penceredeki buğuluk gidecek, o pencere açılmasa da aralanacak gibi hissediyordum. O hafta sanki bir şeylere gebeydi Eylül. Öyle hissediyordum. Bir şeylerin olabilme ihtimali yüreğimde ısınmaya başlamıştı. Hissediyordum içimde heyecana duran duygularımdan.

O hafta, ara verdiğim işime başlamıştım. Özlediğim o kitap kokusuna tekrar kavuşmuş, teker teker çekmiştim içime kokularını. Tek tek tokalaşmıştım kitaplarla, kitap raflarıyla. Tozlanmışlardı yirmi günde. Baştan sona elden geçirip banyolarını yaptırdım o gün.

O gün hep temizlik yaptım. İkinci gün biraz geç açtım kütüphaneyi. Çayımı koyup koltuğuma kuruldum. Çayımı demleyip büyük bir kupa bardağı aldıktan sonra kitap kokusunu içime çeke çeke okumaya daldım. Daldığım kitabımdaki serüvenime kaptırmışken kendimi, kütüphanenin kapısı açıldı. İçeriye sarı saçlı bir bayan girdi. Haftalarca kimsecikler uğramazdı kütüphaneye. Alışık olduğumuz bir durum olmadığı için dikkatimi çekti. Merakla içeriye giren bayanı süzdüm. Tam kitap raflarının bulunduğu bölüme yönelecekken durup bana bakıp, uzun uzun süzüp bana yönelmeyi tercih etti. Bana adım attıkça onu tanıdığımı hissettim. Nereden nereden, diye düşünürken yanıma yaklaşıp: "Toprak, sen misin yoksa?" dedi. İsmimi biliyordu, tanıyordu beni. Sadece Toprak dediğine göre yakın birisi olmalıydı. Ben tanımamanın verdiği şaşkınlığa büründüm. Uzatıp elini: "Merhaba." dedi. "Tanıdın mı beni Toprak?" dedikten sonra iç içe geçmiş düşüncelerim birden belirginleşip netleşti. Beynimde dönüp duran binlerce çağrışımlı sahne içerisinden, içinde senin olduğun bir sahneye kilitlendi. Sis bulutları dağılmış, yerini yağmurdan sonraki toprak kokusuna dönen bir rahatlamaya bırakmıştı iç ortamım. Şaşkın yüz hatlarım gevşerken, mutluluk bütün bedenimi kuşattı. Evet kütüphaneme teşrif eden Leyla'ydı. Ev arkadaşın Leyla. Sana ulaşmak için basamak yaptığım, bir saat isteksizce ders dinlediğim Leyla. Uzanıp havada kalan elini tutup: "Leyla hoş geldin, bu ne güzel bir sürpriz güzel ülkemin diğer ucundan ta bu ucuna." dedim. Hemen buyur edip, en vefalı duygularımı harekete geçirip yakın ilgiye aldım. Şaşkındım, mutluydum ve en önemlisi de ümitlenmiştim biraz.

Leyla çok sıcak ve içten bir kişilikti. Yüzü hep güleçti. Orta boyuyla yurdum insanını andırırdı. Zarif, ince bedeni ve yüzündeki çillerle Çerkez kızlarını anımsatırdı. Ten rengine uyumlu ela gözlerinden samimiyet akardı. Hepi topu dört beş defa görüşme imkanımız olmuştu. Beni gördüğüne dair mutluluğu iri ela gözlerinden akıyordu. O beni, ben onu süzüp gülümserken sorularım art arda geldi: "Hayırdır Leyla ülkenin o ucundan bu ucuna? Kıyıda köşede kalmış bu unutulmuş şehirde? Hangi rüzgâr attı seni buraya?" Doğrusu asker ziyareti falan diye düşünmüştüm o an. Yüzünde ciddi bir şaşkınlık vardı. O sorumu cevaplamak yerine benim burada ne işimin olduğunu sordu. Benimkisi uzun hikâyeydi. En az uzun bir temmuz gününün bahçede başlayan öğle yemeğinden sonra ikindi çayı, akşam meyvesi ve ardından türkülü bir muhabbetin mezesi olabilirdi. Ancak yeterdi bu zaman dilimi hikayemi anlatmaya. Bunu söyleyemedim tabi ki Leyla'ya. O da üstünde durmadı zaten.

Tayinini buraya aldırmıştı. Kendisi istemişti. Sağlık problemleri varmış. Kalıcıydı yani. Eskişehir'de yaşıyordu önceleri. Öyle biliyordum. Sorunca o da doğruladı. Ben Leyla'yı görmenin şaşkınlığı içerisinde soru yağmuruna tutmuştum, o da afallamıştı anlık ve yoğun sorularım karşısında. Bunu fark edince mahcup olmuştum. Biraz nefeslenmesi gerekiyordu. Şaşkınlığımın, görgüsüzlüğümün sebepleri vardı. Onu bu küçük şehirde görmek elbette çok şaşırtmıştı beni. En büyük şaşkınlığım, şaşkınlığım içerisindeki kontrol edilemez mutluluğum ve bu mutluluğumun akabinde soru yağmuruna tutuşumun tek sebebi senden bana esintilerin gelmiş olmasıydı. Cevap alamadığım soru yağmuru bitip ilk büyük şoku atlattıktan sonra, ancak Leyla'nın açlık tokluk durumunu sorabildim.

"İnan aç değilim Toprak. Yani en azından şimdilik. Ama güzel bir yorgunluk çayına hayır demem." demişti Leyla.

"Hemen hazırlıyorum." dedikten sonra yeni bir çay, taze bir çay koydum ocağa. Çayı koyduktan sonra Leyla'nın karşısındaki koltuğa oturdum tekrar. Gülümseyerek, yüzümde güller açarak baktım Leyla'ya: "Seni gördüğüme nasıl mutlu oldum bilemezsin." Onu süzerken seni düşündüm. Sanki o değil de sen gelmiştin Eylül'üm. Karşımdaki koltukta sen oturuyordun. Senden bir parça duruyordu sanki o an. Senle oturmuş kalkmış, senle yaşamış bir insan duruyordu karşımda. İçim kıpır kıpırdı. Kabıma sığamıyordum. Güzel ülkemin bu ücra köşesinde seni iyi bilen, tanıyan ve muhtemelen senden haberi olan, haberlerini alabileceğim bir insan çıkıp gelmişti. Çok şaşkındım ve de çok mutlu. Denge mekanizmam alt üst olmuştu. Derin derin nefes alıp dengelemeye çalıştım kendimi. Kendimi dengeleme çalışmalarım, çayları alıp getirene kadar devam etti hiç azalmadan. Çay içerken bile heyecanım bir yerlerimden fışkırıyordu. Leyla, şaşkın ve mutlu olduğumu hissetmiş, rahatlamıştı. Rahatlığını koltuğa kurulmasından anlayabiliyordum.

Benimle burada karşılaştığı için çok sevindiğini tekrarladı. Tahmin ettiğim gibi Eskişehir'de yaşıyormuş. Bir yıl önce vereme yakalandığını öğrenmiş. Gerekli tedaviler yapıldıktan sonra doktorlar havası temiz, bol oksijenli bir yerlerde üç beş yıl yaşamasının hastalıktan kalan son artıkları da söküp atacağını söylemiş. Leyla da haritadan Doğu Karadeniz'de küçük bir ilçe araştırmaya başlamış. Karadenizli meslektaşlarından Çamlıhemşin'in küçük, şirin ve huzurlu, aynı zamanda bol oksijenli bir havaya sahip olduğunu öğrenmiş. İşte bu yönlendirmelerden sonra Leyla sağlık sorunlarını gerekçe gösterip tayin isteyip gelmiş. Bir hafta önce gelmiş Çamlıhemşin'e. İlçenin misafirhanesinde kalıyormuş.

Leyla bu kısa özeti geçtikten sonra, öğlen arasında kütüphaneyi kapatıp yemeğe çıktık. Yemekte daha detaylı konuşma fırsatı bulduk. Leyla öğretmen olduktan birkaç sene sonra evlenmiş yedi sene beklemelerine rağmen çocukları olmamış. Tıp, alternatif tıp, denemedikleri şifa, aramadıkları yer kalmamış. Ümitleri tükenince yaklaşık olarak beş yıl önce boşanmışlar karşılıklı rıza ile. Çocuğun olmaması boşanma için bir gerekçe değildir desem de Leyla eşinin çocuk çok istediğini, sürekli dillendirdiğini, evde huzursuzlukların günbegün arttığını, artık dayanılmaz bir noktaya geldiğini söyledi. Yalnız yaşadığımı, hiç evlenmediğimi söyleyince oldukça şaşırdı. Niye evlenmediğimi sorup durdu yemekte defalarca. Müsait bir zamanda anlatırım deyip geçiştirdim. Aslında seni anlatacaktım o an. Zamanımız çok yoktu. Dar bir zamanın konusu olamazdı sendeki sebeplerin yaşamıma yasımaları. Ayrıca Leyla'ya kiralık ev bakacaktık. Yoksa kopmaz, parçalanmaz, eritilmez zincirlerle sana bağlı olduğumu; gözlerime başka bir hayalin girmediğini, avuçlarımın arasından nasıl kayıp gittiğini bir bir anlatacaktım.

Yemeği yedikten sonra Leyla için kiralık ev baktık akşama kadar. Küçük şirin ilçemizde kiralık ev bulmak oldukça zordu. Ancak akşama doğru evimin üç sokak arkasında tek katlı bir evin teras katını bulabildik. İkimiz de çok yorulmuştuk ev aramaktan ve hemen kiraladık o teras katı.

Akşam Leyla'yı misafirhaneye bıraktıktan sonra gelip eve sana gömüldüm Eylül. Elimde senden habersiz biriktirdiğim üç beş anıyla seni yaşamaya giriştim tekrar. Hep o üç beş anının üzerine bina ediyordum benden sana taşanları. O gece bütün benliğimle senden gelen bahar kokusuna kilitlenmiştim. Bir yerlerimde bir şeylerin kıpırdadığını hissediyordum. Yıllardır durağanlaşmış, mayalanmış ruhumda hareketlenmeler seziyordum. Donmuş ümitlerimde yer yer güneş parıltılarıyla beraber suya evrilmeye hazır çözülmeler gözlemliyordum, beynimdeki çözümlemelere paralel olarak.

Ne kadar da uzun yaşıyordum senle geçen sessiz, kısacık ve sayılı anılarımla. Ne de uzun teneffüs etmiştim seni, oldukça sıklaşan nefes alış verişlerimle. Ve Eylül'üm, o gece sana yazıp biriktirdiklerime bu notu düşmüştüm. O geceye düştüğüm notu aynen aktarıyorum

Eylül: "Leyla geldi, Eylül. Yakın arkadaşın geldi. Sabahtan beri beraberiz. Seni kaybettiğim o günden sonra en yakınıma bile anlatamamıştım seni. İçime atmış, seni içimde yaşatmıştım. Ne yaklaşabiliyordum sana ne de ayrılabiliyordum yanı başından. Bir ikilemde kök saldın içime. Bu kadar saklamaya özen göstermeme rağmen, annem, garip annem, vasiyeti boynumda asılı kalan annem fark etmişti seni tanımasa da sana olan sevgimi. Ana yüreği anlar, hisseder. Hissetmişti anam. "Kim ki bu oğlum?" dedi bir gün başucunda otururken. Hiç muhabbeti olmamasına rağmen aniden sormuştu. Ne zaman fark etmişti, ne kadar bekletmişti bu soruyu içinde bilmiyorum. "Kimseyse de o, yok artık, ana." dedim. Gitti o, kaybettim onu. Sesim titrekti, ağlamaklıydı. "Gidelim oğlum, bulalım seni bu kadar harap eden o gamsızı, getirelim."

"Çok geç ana, çok geç artık. Ben onu kendi ellerimle kaybettim. Onun hiçbir suçu, günahı yok. Hatta haberi bile yoktur benden. Ben kaybettim onu." "Hiç mi yapılacak bir şey yok oğlum?" "Yok ana, evlendi o." Annem susup gözyaşları döktü o gece çaresizce, beni de ağlatmıştı çaresizliğim. O günden sonra hiç açmamıştık o konuyu. Ona bile bu kadarını anlatmıştım. Beraber ev ararken kaç kez senden bahsetmeyi düşündüm Leyla'ya. Kaç kez karar verip son anda vazgeçtim bilemiyorum. Belki de ilk günden bahsetmek çok iyi olmazdı. Eğer anlatabilseydim Leyla'ya, canlı ve senle ilgili teferruatlı bilgiye sahip ilk şahidim olacaktı. Aşkımın ilk şahidi. Belki çok rahatlardım Leyla'ya anlatıp, ruhaniyetini ete kemiğe büründürdükten sonra.

İnanır mısın ey sevgili, anlatamadım seni, soramadım seni Leyla'ya. Cesaret de edemedim.

Leyla'ya gelince çökmüştü o, ey sevgili. Yüzünde yer yer çizgiler oluşmuştu. Evliliğinden, çektiği sıkıntılardan çok bahsetmedi. Verem olmuş ve atlatmıştı. Çocuğun olmaması boşanmak için geçerli bir sebep mi? Bu bekar halimle bunun cevabını veremeyeceğim. Dediğim gibi yıllar yormuş, yıpratmıştı Leyla'yı. Benim için aynı şeyleri o söylüyordur büyük ihtimal. Sahi sana nasıl davrandı yıllar? Merhametliler miydi sana karşı? Yordu mu yıllar seni?

Hep en son halinle hatırlıyor ve öyle düşlüyorum. Şimdi nasıl görünüyorsundur acaba? Yıllar yüzüne olgunluk bırakmışsa, harika bir çehreye bürünmüşsündür. Ne zaman görebileceğim o koyu kahve çekik gözlerini? Ne zaman seslenebileceğim sana: "Eylül!" diye. Ne zaman?

****

Ertesi gün Leyla'nın evine eşyalar taşımaya başladık. Büyük bir çoğunluğunu döşedikten sonra ufak tefek eksikliklerin tamamlanmasını da Leyla'ya bırakıp kendi yaşamıma döndüm. Ev döşeme sırasında geçen iki gün boyunca da senden bahsedemedim Eylül. Soramadım seni, anlatamadım bendeki seni. Belki de yaşamındaki gerçeklerle yüzleşemeye hazır değildim.

Leyla'yı, evine yerleşmesinin üzerinden dört gün geçtikten sonra görebildim tekrar. O gün ders çıkışı gelmişti kütüphaneye kitabını değiştirmek için. Oturup karşılıklı birer çay içtik. Çamlıhemşin'i sevdiğini, huzur bulduğunu uzun uzun anlattı. Ruhunu dinlendirdiğini ve bu dinlenmenin de kendisine çok iyi geldiğini mutlu bir şekilde dile getirdi.

Oldukça olgun ve mesafeliydi. Kaç defa niyet ettimse de senden bahsedemedim. Bahsedemeyişimde hem

Leyla'nın ne tepki vereceğini kestiremeyişim hem de gerçeklerle yüzleşmedeki kaygılarım etkili oluyordu. Yarım saat kadar oturduktan sonra kitabını değiştirip gitti. Onun gidişi bir şeyler alıp götürüyordu bendeki senden. O kütüphaneden çıkınca sen uzaklaşıyordun benden sanki. Yüreğimde bir burukluk hissediyordum Leyla gidince. Bir kapanma, bir yarılma, kırılma yaşıyordum. Kendime kızsam da seni soramadığım için, sonrasında Leyla'nın ciddi duruşunu hatırlayıp hafifliyordum biraz. Çare yoktu yine gelmesini ve yakınlaşacağımız, gerçeklerle yüzleşecek gücü kendimde bulacağım bir anı bekleyecektim.

Leyla'nın tekrar gelişi uzun sürmemişti. İki gün sonra tekrar kitabını değiştirmeye gelmişti. Yalnız ve bol zamanı olduğu için çabucak bitiriyormuş kitapları. Çay ikram ederken senden bahsedip bahsetmeme ikileminde gidip geldim yine. Dilimin ucuna geliyordu yüreğimden taşan sen merakım ama sonra yutkunuyordum tekrar. Leyla konuşuyordu ben de kafam senle meşgulken ona cevaplar vermeye çalışıyordum. Beni yoran ciddi bir ikilemde gidip geliyordum. Tam bir karasızlık anı yaşıyordum. Tam kararlı hale gelmişken bir anda geri çekilip vazgeçiyordum seni dışa vurmaktan. Bu cenderede gidip gelirken ve boğuşurken karasızlığımla, Leyla da sıkıldığımı sanıp konuşmasını kesmiş dışarıyı izlemeye başlamıştı. Herhalde varlığından sıkıldığımı sanmıştı. Bilmiyordu oysa içimde verdiğim amansız mücadeleyi. Ama en son kararlı hale gelen seni sorma isteğim, Leyla'yla aramızdaki kararsız havayı dağıtır düşüncesiyle sese bürünmüştü:

"Leyla bir şey soracağım sana ama zamanı mı, değil mi bilmiyorum." Leyla'nın dışarıya bakan iri ela gözleri bana dönmüş, yüzündeki sıkılmış ifade tedirgin bir meraka bürünmüştü:

"Buyur tabii ki. Ne soracağını bilmiyorum ama?" O meraklı ve tedirgin ifade bana dönmüş, beni de mahcup etmişti. Leyla'nın ne tepki vereceğini ölçüp biçmeye çalışıyordum daha. Bir taraftan da Leyla'nın cevap bekleyen yüzü beni konuşmaya itiyordu.

"Sadece meraktan soruyorum. Başka bir amacım yok yani."

"Sor Toprak beni de meraklandırmadan." Yüz ifadesi değişmemişti daha. Ben ne tepki vereceğini kestirmeye çalışıyordum.

"Ya öyle çok önemli, ciddi bir şey değil aslında. Birini sormak istiyorum sana."

"Evet sor Toprak."

"Eylül isminde bir arkadaşın vardı."

"Evet vardı Eylül. Ev arkadaşım. Ne oldu ki ona?"

"Bir şey olduğu yok. Haberin var mı ondan? Onu soracaktım." Biraz düşündü Leyla. Hiç beklediği bir soru olmadığı anlaşılıyordu düşünmesinden. Kısa bir an düşünüp, gözlerini dikince gözlerime:

"Uzun zamandır haberim yok Eylül'den. Yıllardır görüşmüyoruz diyebilirim. Niye sordun Eylül'ü?"

Ne anlamsız bir soru sormuştu Leyla. Bendeki Eylül'ü bilse ondan başka bir şey soramayacağımı anlardı. Onu kendime sormadığım bir gün yoktu ki.

"Merak dedim ya Leyla. Öylesine sordum. Seni görünce o da geldi aklıma." Ne de saçmalamıştım. Hiç çıkmamıştı ki aklımdan. Leyla'nın yüzü daha ciddi bir hal almıştı.

"Hiç öylesine bir soru gibi gelmedi bana Toprak. Hadi niye sordun anlat bakalım."

Anlatmalı mıydım acaba, yoksa biraz daha zamana mı yaymalıydım? Leyla beni sıkıştırmaya devam ediyordu gözleriyle.

"Aslında bir sebebi var ama şu an çok erken anlatmak için." Leyla daha da meraklanmıştı.

"İşte şimdi daha da merak ettim bu sebebi. Niye sordun Eylül'ü?"

Anlatmasına anlatacaktım o kesindi de. Çünkü günlerdir bu anı bekliyordum. Kapıyı aralamış, Leyla'nın dikkatini çekebilmiştim. Şimdi daha geniş bir zaman dilimi için Leyla'yı ikna edebilmeliydim.

"Leyla anlatacağım ama uzun bir hikâye. Böyle ayaküstü olmaz."

"Sen ana hatlarıyla anlat, gerisini daha sonra konuşuruz."

"Leyla eğer sence bir sakıncası yoksa akşam yemek ısmarlayayım sana, sonra bize geçip çay eşliğinde anlatayım. Gerçekten biraz uzun bir hikâye..." Leyla dudak bükmüş, bir süre düşünmüş en sonunda tamam demişti.

****

O gece uzun olmuştu. Konuştukça konuşuyordum. Konuşmak iyi geliyordu bana. Leyla pür dikkat dinliyordu beni. Seni anlatıyordum, en başından başlayıp sana ulaşmak için denediğim stratejileri, bana ders anlatması için size gelişimi, o kahrolasıca elimden kayıp gittiğin sahneyi. Ben seni anlattıkça Leyla şaşırıyor, yüzü şekilden şekile giriyordu. Seni kaybettiğim sahneyi anlatınca gözlerinden yaşlar aktı. Onun gözyaşları akar da benimkiler durur mu? Bir müddet ara vermek zorunda kaldım kendimi toparlayıncaya kadar. Seni kaybettiğime emin olduktan sonra bu kuş uçmaz kervan geçmez yere gelip yerleştiğimi de ekledim. Gözyaşları akmaya devam ediyordu Leyla'nın, o ciddi insanın. Gözyaşlarından akan her damla yüzündeki çilleri söküp atacak sanıyordum. Yüzü kıpkırmızı olmuştu Leyla'nın.

"Ve ondan kaçıp gelip buraya yerleştin öyle mi?" demişti.

"Evet Leyla, ne evlendiğini, ne de mutlu olduğunu duymak istiyordum. Kapattım kendimi onca yıl ondan gelecek haberlere. Evlenip mutlu olduysa da ben bilmeyeyim, duymayayım istiyordum. Kaçıyordum ısrarla duymak istemediğim gerçekten. Senden kaçıyordum, kendimden kaçıyordum.

"Çok üzüldüm Toprak." dedi içten ve samimi bir sesle. Oldukça da şaşkındı: "Vay bee! Eylül bu kadar sevildiğini, beklendiğini bilse kim bilir ne kadar mutlu olurdu."

"Sanmıyorum Leyla. Eğer mutluysa niye ilgilensin ki böyle bir şeyle. Dikkatini niye çeksin ki?"

"Saçmalama Toprak, kime nasip olur bu kadar sevilmek, bu kadar özlenmek ve en önemlisi de bu kadar uzun süre beklenmek."

"Bekliyorum yıllardır Leyla. Ama inanır mısın bir beklentim olmadan bekliyorum. Eylül'e kavuşacağım da, o da beni sevecek de... Bunun gibi ulaşılmaz hayallerim hiç olmadı."

"Hiç mi hayal kurmadın, ulaşmaya ve kavuşmaya dair?"

"Tabii ki her gece ya da gündüz, kendimle kaldığım her an, benim de ulaşılmaz hayallerim vardır, Eylül'e dair. Eylül'e ulaştığımı düşler, onunla hemhâl olur ama düşüm bitince bunun bir hayal olduğunu bilir, sonrasındaysa hemen gerçeğe dönerim. Kanıksadım ben bunu yıllarca. Gerçekleşmesini istediğim, gerçekleşirse, beklediğime değdi diyebileceğim tek bir hayalim var." Gözleri açılmıştı Leyla'nın:

"Neymiş bakalım o tek hayalin?"

"Ömrümün son demlerinde bile olsa, onunla oturup bir çay içmek. O çay saati diliminde koyu kahve gözlerinde kaybolmak. İçimdeki sevginin şiddetini kısa, öz anlatıp hissettirebilmek. En büyük hayalim budur. Bu gerçekleşirse altmış yıl da beklesem, ömrümün son günü de olsa iyi ki beklemişim, iyi ki sevmişim Eylül'ü derim."

Saatlerce konuştuk seni. Ne de çok susturmuşum meğer içimdeki seni. Ne hasret kalmışım seni anlatmaya. İçimdeki sana ait rölantide ne kadar duygum varsa hepsi dalgalanmıştı. Dalgalanmalar kısa bir süre sonra fırtınalara dönüşmüştü. Keşkeler havada uçuşuyor, kavisler çiziyor gelip başımda patlıyordu. İçimdeki özerk sen odacıklarının kilitleri bir bir açılıyordu. Uyuz olmuş gibiydim. Neremi kaşısam oradan sen çıkıyordun. Konuştuğumuz her ayrıntı sen odaklıydı. Her ayrıntı sana çıkıyordu. Leyla pür dikkat dinliyor, hayran ve yaşlı gözlerle seyrediyordu beni. Dinledikçe saydırıyordu, beni zamanında harekete geçirmeyen beceriksiz duygularıma. "Böyle bir sevgi bu şekilde son bulmamalıydı." diyordu.

Gecenin son bölümünde Leyla'yı alıp çalışma odasına götürdüm. Çalışma masamın bütün çekmeceleri sana yazdığım yazılarla, gönderilmemiş mektuplarla taşmıştı. Ey meleğim, bütün anlarımda sen vardın ama gece saat on ile on iki arası sadece sana ayırdığım bir zaman dilimiydi. O saatimde sen, duygularım ve yazdıklarım ve yazacaklarım vardı. O zaman dilimi sana özeldi. Gündüz bir tarafımda biriktirdiğim seni, gelip bu saatlerde yazıya dökerdim. Bazı geceler duygu yoğunluğundan nutkum tutulduğunda, önceki yazdıklarımı tekrar tekrar okur içimdeki o yüce sevgiye bir kere daha sığınır, büyüttüğüm kahramanımın gölgesinde otururdum. Leyla bu mahrem bölgeme, kutsal mabedime ilk giren insan oldu. Yasaklanmış ve sınırlanmıştı bu bölge. Kapalıydı herkese. Ve Leyla ilk şahitti bu yasaklanmış bölgede. İzin istemişti Leyla, okumak için.

Okumaya başladığında Leyla, kâh sesli kâh sessiz, yüzü şekilden şekle evriliyordu. Şaşırmanın bin bir çeşit ifadesi yansıyordu yüzüne. Okuyordu gözlerinden patır patır yaşlar akarak. Gözleri kızarıyordu anbean. Leyla sevgimin büyüklüğünün farkına vardıkça ben çocuk gibi sevinip mutlu oluyordum. İşte Eylül, bu kadar seven, bekleyen, beklentisizlik içerisindeki olumsuz her şeyle seni seven benim. Çok mütevaziydim ama sevgin mevzu bahis olunca oldukça iddialıydım. Böylesine sevecek ikinci bir insan yoktur diye düşünüyorum. Beni diğer tüm insanlardan ayıran özelliğimin bu olduğunu düşünüyorum. Beni farklı kılan sendin. Tek karakteristik özelliğim ruhumun sana bu kadar dönük olmasıydı. Ne kütüphaneci, ne Toprak, ne keşif yapan bilim adamı, ne düşünür ne de dünya çapında ses getiren bir sanatçı olarak anılmak istiyordum. Seni çok çok seven sıradan bir insan olarak farklı olmak istiyordum. Ah keşke sen de bilseydin bunları, okutabilseydim, anlatabilseydim sana.

Leyla gözlerini kaldırıp gözlerime dikti: "Yüreğime bir kor düştü. Bu sevgi çilesinin karşısında saygıyla eğilinir, ağlamaktan gözlerim yanıyor gerçekten; irkildim sıradan duygularımdan ve hayran kaldım sevgine." dedi.

Oldukça yorulmuştu Leyla, zaten hastaydı da. Onu evine bıraktım. Sonra gelip çalışma masama geçtim. Geç saatlere kadar yazdım, çizdim, okudum ve yazıldım sana.

***

Sabaha doğru uyumuş, oldukça geç uyanmıştım. Akşam Leyla'ya seni soramamıştım. Yine cesaret edememiştim senin durum ve ahvalini sormaya. Farklı bir şey beklemiyordum ama senin yuva kurup, mutlu mesut benden habersiz yaşadığın gerçeğinin yüzüme çarpılmasını da kaldıracak gücüm yoktu.

Ama Leyla yepyeni bir sıra dışılık katmıştı yaşamıma. Onun gelmesini dört gözle bekliyor, ayrılıp gitmesini de bir o kadar hüzünle izliyordum. Leyla sık sık kitap değiştirmek için uğruyordu kütüphaneye. Çay muhabbetleri yapıyorduk. İçten içe sana bir kapı açtığı için ona minnettardım, bu minnettarlığımı her vesileyle ona da hissettirmeye çalışıyordum. Leyla, genelde mutlu görünüyordu, güleçti yüzü ve oldukça hanımefendi bir kişiliğe sahipti. Sakinliği, ağırlığı ister istemez bir mesafe oluşturuyordu aramızda. Ara ara durulurdu. Ara ara durgunlaşmasını da önceki sıkıntılarından ve geçirdiği verem illetinden olduğunu düşünüyordum. Hemen hemen o konulara canı sıkılmasın diye hiç girmiyordum.

Leyla'yla çay muhabbetleri eşliğinde okuduğu kitapların analizini yapar ama en çok senden konuşur ve en çok da senin muhabbetlerini yaptığımız konuşmalar keyif verirdi bana. Leyla'nın gelişinin üzerinden bir ay geçtikten sonra yine kütüphanede çay muhabbetine oturduğumuz bir esnada seni sorma cesaretinde bulunmuştum. Leyla bu soruyu bekliyor gibi hiç şaşırmadan, eğip bükmeden, senden uzun süredir haber alamadığını söyledi tekrar. En son düğününe katılmış sonrasında bir iki defa senle görüşmüş ondan sonra bağlantınız kesilmiş. O gün bütün cesaretimi toplayıp senden haber alması için yoğun bir psikolojik baskı yapma stratejisine başladığımda, Leyla'nın psikolojik baskı yapmadan hemen, "Tabii ki iletişime geçerim." demesi işimi kolaylaştırmış, oldukça da rahatlamıştı beni. Senden gelecek haberlerin beni nasıl etkileyeceğini kestiremiyordum. Ne kadar etkilenecek, ne kadar hasar alacaktım, öngöremiyordum. Ortak arkadaşlarından telefonunu alacaktı. Ben o andan itibaren endişeli ve heyecanlı bir bekleyişe girdim. Çok beklemiştim ama bu seferki bekleme ıstırap doluydu.

Aslında gelecek haberlerin içeriğini az çok tahmin ediyordum. Evlenmiştin, tahminen birkaç çocuğun vardı. Evinde, yuvanda mutlu mesut yaşıyordun. İçimdeki bencil bazı duygularım da: "Bir şeyler ters gitmiş olabilir." diye ümitlenmiyor değildi. Bu insanca bir ümit değildi biliyorum ama dürüst olmak gerekirse bir şeylerin ters gitmiş olması ve Eylül'ün yönünün bana dönmesi için alttan alttan bazı duygularım beklenti içindeydi. Şimdi bunun makul mu değil mi tartışmasına girmeyeceğim Eylül, ama maalesef az da olsa böyle bir beklenti içinde olan duygularım da vardı. Seni de aldatıp tamamen erdemli insan rolüne bürünmeyeceğim. Tamamen hissiyatımı aktarmaya çalışıyorum.

Haberin gelmesi için bir gün daha beklemem gerekmişti. Ertesi gün Leyla okul çıkışı kütüphaneye gelmişti. Mutlu görünüyordu. Yüzünden müjdeler akıyordu adeta ya da ben öyle görmek istiyordum. O ne kadar rahatsa ben de o kadar endişeliydim. Tereddütlü, kaygılı gözlerle bakıyordum Leyla'ya. Leyla ise mutluluğunu hiç gizlemiyordu. Muzip muzip gülümsüyordu. Karşımdaki koltuğa oturduğunda ben hala ayaktaydım ve konuşmasını bekliyordum. Konuşmaya pek niyeti yoktu fakat gülümsüyordu Leyla. İyiye yormak istiyordum bu durumunu. En son dayanamayıp:

"Eee Leyla, görüştün mü Eylül'le?"

"Görüştüm, görüştüm Toprak. Rahat ol! İyi haberlerim var." Yüzündeki tebessüm bulutu dağılmamıştı henüz.

"Evet anlatacak mısın?" Sabrım yoğun bir basınç uyguluyordu bilincime. Leyla daha da rahatlamıştı. Bu halimden ciddi keyif alıyor gibiydi. O sakin, ağır Leyla'nın sadist tarafını görmüş oluyordum. Yıllar sonra Eylül'le ilk temasım olacak bilgileri eziyet ede ede verecekti anlaşılan. Eziyet ederken aynı zamanda keyif de alacaktı. Çocukça bir ruh haline bürünmüştü Leyla:

"İlk bilgiyi veriyorum. Evet ilk bilgi geliyor Toprak, hazır mısın?"

"Evet heyecanla bekliyorum Leyla!"

"Eylül evlenmiş. İlk bilgimiz bu."

"Hadi Leyla heyecandan öleceğim. Sen ne diyorsun? Eylül'ün evlendiğini Sağır Sultan da duymuştur. Lütfen diğer bilgilere geç."

"Peki Toprak anlaştık. İkinci bilgi geliyor. Hazır mıyız efendim." Leyla neşesini bulmuştu. Heyecandan anlamsız anlamsız bakıyordum Leyla'ya. Biraz da sinirlenmiştim. Ses vermedim son sorusuna. Sinirlendiğimi anlamış olacak ki:

"Tamam, tamam bilgileri peş peşe vereceğim. İki çocuğu varmış."

"Tahmin ediyordum zaten çocuğu olduğunu. Başka?"

"Büyük çocuğu erkek olan dokuz yaşında, küçüğü yani kızı yedi yaşındaymış." Hala beni tatmin edecek bir bilgi vermemişti. Oynamaya devam ediyordu oyununu.

"Oldukça mutluymuş." Şimdi buna sevinmeli miydim, üzülmeli miydim? İtiraf etmek gerekirse ümitlerim sönmeye yüz tutmuştu. Eğer mutlu mesutsa yuvasında, onu rahatsız etmeyi hiç düşünmüyordum.

"Annesi ve babası ölmüş."

"Allah rahmet eylesin." Artık merakım sönmüştü. Beni ümitlendirecek tek bir bilgi yoktu. İlgilenmiyordum Leyla'nın dedikleriyle. Uzaklara daldım buğulu gözlerle. Leyla saçmalamaya devam ediyordu:

"Dört beş yıldır öğretmenlik yapıyormuş" Biraz şaşırmıştım. Uzun yıllar önce mezun olmuştu. Niye bu kadar geç başlamıştı göreve diye merak ettimse de üzerinde pek durmadım. Benim sevgimi, çektiğim ıstırabı belli ki fazla anlamamıştı. Ben on beş yıldır bekliyordum. Beklemek, beklenti içinde olup hiçbir beklentinin gerçekleşmeyeceğini kanıksadıktan sonra yine de beklemenin ne kadar zor olduğunu düşünemiyordu herhalde. Tam kavrayamamıştı belli ki benim sana olan zaafımı. Yoksa bana bu kadar eziyet eder miydi?

"Mezun olduktan sonraki yıl, atanmış. Sevgilisi çok kıskanç olduğu için gidip göreve başlamasını engellemiş. Bir yıl sonra evlenmiş. Sonraki yıl tekrar atanmış, kocası tekrar engellemeye çalışmışsa da diretip gidip göreve başlamış." Leyla anlatıyordu ama dikkatimi çok çekmiyordu. Buraya kadar her şey beklediğim gibi ilerliyordu. Olabilitesi yüksek şeylerdi. Leyla dikkatimi toplamaya çalışarak: "Şimdi sana en bomba haberi vereceğim." Dağılan bütün dikkatimi toplamıştı bir anda. Ne olabilirdi ki bomba haber? Leyla'nın dikkatimi toplamak için yapmış olduğu yeni bir hamle olarak düşünüp gevşettim kendimi.

"Hazır mısın Toprak?"

"Hadi Leyla, hadi Leyla! Yine bana horoz yumurtasını süsleyip deve kuşu yumurtası diye sunacaksın değil mi?"

"Eylül sekiz yıl önce boşanmış. Sadece iki yıl evli kalmış."

İşte bu gerçekten süsten arındırılmış bir deve kuşu yumurtasıydı. Bunu sindirip dengelemem zaman alacaktı. Zaman kazanmak için: "Ne dedin, ne dedin Leyla?" deyiverdim büyük bir şaşkınlıkla.

"Evet Toprak, evet yanlış duymadın. Sadece iki yıl evli kalmışlar. Sekiz yıl önce boşanmış senin Eylül'ün." Sindirememiştim henüz:

"Sadece iki yıl mı evli kalmış?" donuk bir ses çıkmıştı ağzımdan gayrı ihtiyari. Sessizliğe bürünmüştüm. Büyük bir şoka tabi tutulmuştum. Leyla'yı unuttum o an. Sandalyemi camın kenarına çekip dışarıyı seyre daldım. Beynimde anlam bulmaya çalışan onlarca soru dizini vardı. Benim dengelenmem gerekiyordu. Sekiz yıl harekete geçmek için boşuna mı beklemiştim. Ekstra beklemiştim sekiz yıl. Her gün sensizliğin kabus gibi üzerime çöktüğünü düşünürsek, verdiğim kayıpları sen düşün artık. Niye kapattım kendimi? Aramadım, sormadım seni? Niye takip edemedim uzaktan seni? Varlığımı niye hissettirmedim? Kendime güvenmiyordum ama sevgim dize getirip yaklaştırabilirdi seni bana. Ben yenilgiyi kabullenmiş, köşeme çekilmiştim bunca yıl. Şimdi üzüntüm katlanmıştı. Gözlerimden yaşlar akıyordu ve ben amansız, acımasız bir muhakeme yapmaya çalışıyordum. Hangi ara sandalyesini çekip yanaşmıştı yanıma bilmiyorum ama, Leyla başını omuzuma yaslamıştı. Düşüncelerim, duygularımı harekete geçirmiş hıçkıra hıçkıra ağlamaya başlamıştım. Leyla da ağlıyordu. Gözyaşları omzumu ıslatıyordu.

O seni kaybettiğim sahneden sonra on beş yıl boyunca kabuğuma çekilmiş aramamıştım seni, sormamıştım. İkinci bir hayıflanma, keşkelere boğulma travmasının içinde bulmuştum kendimi. Ömür boyunca o keşkeler gelip gelip bulacaktı beni. "Niye Leyla, niye?" dedim. "Niye haberim olmadı? Niye hiç sormadım Onu?'' Niyeler sarmalına bürünmüştüm yine. Leyla gözyaşlarını silip toparlanmış, benim toparlanmam için de harekete geçmişti:

Dur, harap etme kendini. Nereden bilebilirsin ki sekiz yıl önce boşandığını. Kendini suçlama lütfen. Rahatla biraz. Haydi kalk elini yüzünü yıka. Çay koyalım, çay içelim kendimize gelelim. Bundan sonra ne yapabiliriz, onu düşünelim. Zaman, oturup ağlama zamanı değil. Zaman önüne çıkan fırsatı değerlendirme zamanı. Çok yüce bir sevgin var. Bu sevgi bir şekilde karşılık bulmalı. Hadi Kalk lütfen." Ben söylediklerinden güç alıp lavaboya yöneldim.

İlk samimileşmemiz o an olmuştu kendiliğinden. Ve bundan sonra samimiyetimiz günden güne artacaktı. Lavaboda yüzümü yıkarken aynaya bakıp, sana sevgimi ulaştırmam için Allah bir kapı açtı dedim kendi kendime. Hem çok mutluydum, hem de çok buruk. Koca sekiz yıl sana ulaşabilme ihtimali varken kuma gömmüştüm kafamı. Ne kadar hayıflansam ne kadar kahrolsam yeriydi. Aynadaki şaşkınlığım ve pişmanlığımla yüzleşmem bitince döndüm Leyla'nın yanına. Yapabileceklerimiz üzerinde konuşacaktık. Çayımdan ilk yudumu alıp derin bir nefes de aldıktan sonra Leyla'ya:

"Benden bahsettin mi Eylül'e?"

"Bahsettim ama sevginden değil. Üniversiteden tanıdığımız Toprak var, hani bir ara ders çalıştırdığım." dedim.

"Ne dedi peki, hatırlayabildi mi beni?" diye sordum. Bu soru ümitsizce sorulmuş bir soruydu.

"Hatırlayamadı seni maalesef."

"Nereden hatırlayacak beni? Benimkisi de amma da soru ha!"

"Durumu nasıl, halinden memnun mu yani?"

"Doğrusu hayatından memnunmuş. Pek şikayetçi değilmiş."

"Peki Leyla, anlatacak mısın beni ona?"

"Tabi ki anlatacağım seni, deli. Nasıl anlatmayayım. Bir ömür adadığın insanın, en azından bunu bilmesi gerekir. Cevap vermese de şartları uygunken seni dinlemesi, seni anlaması lazım." Leyla hissiyatıma tercüman oluyordu. Benimse beynimdeki bütün şemalar yıkılmıştı. Senin yanında birisinin olmaması, birisine bağlanmamış olman, evet beni sevindiriyordu ama bana ait, benden sana yansıyan hiçbir şey yoktu. Sana kavuşmayı ötelere bırakmış ruh halimden, sana ulaşabilme ihtimaline dönüşmüş bir ruh haline bürünmüştüm. Ne yapacağımı bilmiyordum. Akşam karanlık çökene kadar konuştuk seni, bu sevginin sana nasıl anlatılacağını Eylül. Verebileceğin tepkileri yüksek sesle dillendirdik. En iyi seçeneği bulamadığımız için, ertesi gün doğallığında her şeyin gelişmesini kabullenip evlerimize gittik.

Bana gelirken sapmayasın diye,
Yürüyüp durdum kendimde.
Bana gelirken yorulmayasın diye
Kendimden yüreğime yol yaptım

Ertesi gün okul çıkışı Leyla kütüphaneye geldi. Çay içip mesai bitiminde yemeğe çıktık beraber. İkimiz de bekardık. İkimizin de kurulu bir düzeni yoktu. Dağınıktık ve dağınık yaşıyorduk. Ne bekleyenimiz vardı ne de beklediğimiz. Önceki konuşmamızda, bir karara varamayıp doğallığında gelişmesini istediğimiz stratejiyi uygulamaya koyulacaktık.

Yemeğe başlarken kıvranıp durduğumu fark etti Leyla. Derdimin ne olduğunu biliyordu, heyecanımın had safhada olduğunu da. Susuyordum ve tedirgin bir bekleyişin içindeydim. Son günlerimizin tek konusu sendin. Hep senden bahsediyorduk. Son gelişmeler daha farklı bir boyuta taşımıştı muhabbetimizin senle ilgili kısmını. Sende ağır ağır ilerliyordum. Leyla yemeklerimiz geldikten sonra:

"İstersen arayayım Eylül'ü?" dedi. "Ben başımla aramasını onayladım. Özellikle vurgulaması gereken ekstra bir şeyimin olup olmadığını sordu Leyla. Düşündüm tabi bu ekstranın üzerine. Ekstra farklı bir şey var mıydı? Aslında benim sana olan hislerimin hepsi ekstraydı. Her duygum iki tık üst seviyedeydi.

"Benden duyduklarını anlat ona. Eğer müsaade ederse telefonda görüşmek istediğimi söyle. Bu yeterli herhalde..."

"Oldu Toprak'çığım."

"Teşekkür ederim Leyla, iyi ki varsın." Leyla gerçekten bir melek hüviyeti taşıyordu. Bana ne büyük iyilikler yaptığının farkında değildi. Bu yaptığı iyilikler için bile bir ömür omuz verip taşıyacağımı bilemiyordu.

Ne demek Toprak. Her zaman hazırım ben. İnşallah bunca yıllık yarana merhem olabilirim. Bu şerefe ben nail olur, seni mutlu mesut ederim umarım."

"İyi ki geldin, iyi ki yaşamıma girdin Leyla, bilsen beni ne kadar mutlu ettiğini..."

"Saçmalama Toprak, seni mutlu edecekse, bunca yıllık özlemini, hasretini giderecekse benim için ne büyük saadet olur. En azından bir işe yaramış olurum."

Minnettarlığımı bakışıma yükleyip gözlerinin ta orta yerine gönderip, bıraktım. Leyla teşekkür, minnet dolu bakışımı almış, duygusallaşmıştı, benim sana olan duygusallığımda. Başını eğdi, bir müddet duraksadı. Sonra başını kaldırıp:

"Elimden ne gelirse yapacağım Toprak. Sen rahat ol. Tüm ikna yeteneğimi konuşturacağım. Biliyorsun Türkçe öğretmeniyim. Söz sanatlarını iyi bilirim."

"Sağ ol Leyla. İnan bana anlatamıyorum, yansıtamıyorum ama beni o kadar mutlu ediyorsun ki..."

Gülümsedi Leyla.

"Ne zaman konuşayım?" diye de ekledi.

"Yemekten sonra konuş istersen." Yemekten sonra deyince Leyla'ya, kalbim ritimsiz çarpmaya başladı, yüzüme kan hücum etti.

"Şimdi mi yani?" dedi Leyla. Başımla tekrar onayladım ama gömleğimin üst düğmesini de açtım aynı anda. Nefes almakta zorlanıyordum. Yemek olayından tamamen kopmuştum. Başlamadan bitmişti benim için yemek. Leyla da bırakmıştı yemeği. Ne kadar ısrar ettimse de yemeğine devam etmedi Leyla. "Senin bu eziyetine son vereyim." deyip telefonu eline alıp çekildi sessiz bir köşeye. İzleyebiliyordum onu. Sesini duyabilecek mesafede değildim. Dudakları birbirinden ayrılmaya başlayıp, yüzüne bir gevşeme gelince sana ulaştığını anladım. Büyük bir heyecanın esiri oldum o an. Ruhum karamsarlıkla ümit arasında gidip geliyordu. Uzadıkça uzuyordu konuşması. Uzaktan Leyla'nın yüz hatlarına bakıyordum, yüz hatlarından bir şeyler anlayabilir miyim diye. Yüz hatlarından hiçbir şey anlaşılmıyordu. Sigara üstüne sigara yakıyordum. Hızlı hızlı konuşuyordu Leyla. Bedenine kaydı gözlerim. Beden dilinden bir şeyler çıkarmaya çalıştım, yine bir şey anlayamadım. Ben heyecandan düşünemiyordum herhalde. Beden dilini okuyacak şuurda değildim.

Ne kadar da uzun görüşmüştü Leyla seninle. Bir asır gibi gelmişti o konuşma anı. Ne kadar süre geçtiğini anlayamadım ama Leyla döndüğünde gözleri gülüyordu, yüzü de gülüyordu. Mutlu bir haber verecek beklentisine kapılmıştım. Meğer bana gülüyormuş:

"Toprak, bu ne hal?" dediğinde bana güldüğünü anladım. Eğilip baştan aşağı baktım kendime. Gömleğimin düğmelerinin yarısı açıktı. Gömleğim terden sırılsıklam olmuştu. Ben de gülümsedim tabii halime. Düğmelerimi ilikledikten sonra Leyla'ya dönüp: "Sen bırak beni de iyi bir haberin var mı?" Leyla'nın duruşundan yine bana can çekiştireceğini anlıyordum.

"Hem iyi hem kötü haberlerim var. Hangisinden başlayayım?"

"Kötüsünden başla, yok yok önce iyilerinden başla." Kısa bir kararsızlık anından sonra: "Kötülerden başla." dedim. Leyla kararsız kaldığıma kızmış gibiydi: "Karar ver Toprak, iyi mi, kötü mü?" Leyla'nın yüzü ortadan ikiye bölünmüş gibi duruyordu. Bir yüzünde iyimserlik, diğer tarafında ise korkunç bir hüzünle karışık karamsarlık vardı.

"Kötü haberlerden başla Leyla, iyileri sonraya sakla." En kötüye hazırlamıştım kendimi. Kış bekliyordum. Kış içinde küçük bir bahara bile razıydım.

"Tamam Toprak kötü haberlere hazırlıklı ol. Birincisi seni hiç ama hiç hatırlamıyor." Geriye yaslandı. İlk mermisini atmış hedefe ulaşıp ulaşamayacağını bekleyen avcı gibi. Hiç iz bırakamamıştım demek ki sende. Hiçbir şey kalmamıştı benden sana. Hayalimi canlandıracak ufacık bir anıyı bile kazıyamamıştım ruhuna. Bu benim büyük eksikliğimdi. Leyla'ya dönüp:

"Bu kötü bir haber değil. Beni hatırlama ihtimali sürprizdi. Normal olan zaten hatırlamaması. On beş yıl geçmiş aradan. Ben uygun çağrışımlarla ona hatırlatırım kendimi. Diğer kötü haberine hazırım şu an."

"Bu kadar güveniyorsun kendine yani."

"Güvenmiyorum ama gelen kurşunu da durduramam yani."

"İyi o zaman hazırsan ikinci kötü haberim: İki tane çocuğu varmış. Onlarla gayet mutluymuş. Düzenini, huzurunu kesinlikle bozamazmış."

"Bu mu kötü haberin? İyi de benim böyle bir talebim, düşüncem olmadı ki. Kim bozmak ister ki düzenini. Başka ne kötü haberin var Leyla'cığım?"

"Toprak'çığım, genelde iyimser bir şey söylemedi. Kötümserdi diyebilirim."

"E hani iyi haberlerin vardı?"

"Evet, gayet tabii ki iyi haberlerim var. Örneğin, çok şaşırdı. Şaşırmakla kalmadı. Onure olduğunu da söyledi. Emin ol çok hoşuna gitmiştir bunca yıl sevilmek."

"Bu kadar mı Leyla haberlerin, yani iyi haberlerin?" Sesim biraz sitemli, biraz sert çıkmıştı.

"Telefonda senle konuşmayı kabul etti. Seni dinlemek istediğini özellikle vurguladı."

"İşte bu harika bir haber Leyla." deyip oldukça rahatlamış, mutlu olmuş, Leyla'yı teşekkürlere boğmuştum. O sesi, sadece bir kere duyabildiğim sesi yıllar sonra tekrar duyabilecektim. Üzerimdeki bütün gerginliği, bu son cümlesi alıp götürmüştü. Yerine olumlu bir heyecan göğsümün üstüne oturmuştu.

"Ne zaman görüşebileceğiz Leyla?"

"İstersen hemen Toprak."

"Hemen mi? "

"Evet, konuşma zamanı için benden haber bekliyor." Sesli düşünmeye başlamıştım:

"Hemen olmaz Leyla, bu akşam üzerinde çalışmalıyım. Belki de tek şansımdır. Bu şansı iyi kullanmak istiyorum. Derli, toplu olmalı konuşmam. Hiçbir özel ayrıntıyı atlamamalıyım. Gereksiz hiçbir cümle kurmamalıyım. Bu fırsat bir daha elime geçmeyebilir. Leyla kızmıştı bana:

"Abartma Toprak, o da duyguları, düşünceleri olan sıradan bir insan. Büyütme bu kadar gözünde. Ulaşamadığın ölçüde büyütmüşsün gözünde. Eylül çok kibar ve oldukça da anlayışlıdır. Seni sonuna kadar dinleyip, anlamaya çalışacaktır."

"Olsun, olsun Leyla! Biz yine de yarın görüşelim. Şu an şaşkın ördek gibiyim. Heyecanlanır, bir çuval inciri berbat ederim. Meramımı anlatamam. Strateji oluşturmalıyım." Son cümle, özellikle strateji kelimesi beynimin derinliklerindeki eski bir yanılgıyı öfkeli şekilde harekete geçirmişti. Eylül'e dönük tüm duygularım: "Strateji mi, Allah kahretsin stratejilerini. O bir türlü işe yaramayan, cesaretten nasibini alamamış, hep geç kalmış stratejilerin ha?" İç sesim dalga geçiyordu, öfkeliydi benim stratejilerime. Leyla benim kıvranışımı izlerken, iç sesim hem kızıyor, hem yönlendiriyordu beni: "Gelişigüzel doğal tepkiler verebilmelisin Toprak. Bilimsel bir olay değil ki strateji geliştiresin, formülleri kullanasın. Bu tamamen duygusal. Yapacağın hiçbir stratejiyi uygulayamayacaksın. Tutmayacak hiçbir stratejin. Bu saçma fikirden vazgeç. Belki yarına kadar yine geç kalacaksın. Doğallığında gelişsin her şey."

Aslında iç sesime kulak vermem daha mantıklı görünüyordu. Bilincim ise sabah konuşursun, hem daha derli toplu olur diyordu. Ciddi bir ikilemde kalmıştım, alnımda boncuk boncuk terler birikmişti. Şişen boncuklardan akan terler, ter içinde bırakıyordu beni. Leyla bocalamamı büyük bir zevkle izliyordu. Benim bir an önce karar vermem gerekiyordu çünkü gittikçe batıyordum. Kesin bir sesle:

"Leyla evet hemen şimdi, teslim oluyorum. Kaçmayacağım, ertelemeyeceğim bu sefer." Leyla bu anı bekliyormuş gibi bir saniye bile geçirmeden telefonu hemen eline alıp çevirdi numarayı.

***

Telefonun diğer ucunda sen vardın. Sesini uzun uzun hafızama kazımak için hazır bekliyordum. İlk temas senden gelmişti: "Merhaba." demiştin. Tepeden tırnağa elektrik yüklenmiştim. Tüylerim diken diken olmuştu. Sesin okşamış kulaklarımı, ruhuma giriş yapmış; ölü hücrelerime suni teneffüs yapıp diriltmiş, tembel ve duyarsız duygularımı harekete geçirmişti. Sesini tam sindirip, hazmettikten sonra: "Merhaba." diyebildim. Merhabalar sana ey güzel insan! Merhaba en ince ayrıntısına kadar yoğunlaştığım, her tonunda dünyanın belirsiz ve anlamsız karmaşasını geçiştirdiğim hoş ses. Merhaba, yüreğini yüreğime yük ettiğim tatlı ses. Ve merhaba mabedimden yükselen kutsal ses!

Merhaba demiş ve onurlandırmıştın beni. İçimde dalga dalga yayılan o ferahlığın içinde: "Nasılsınız?" diyebilmiştim titrek sesimle. "Nasılsınız"a yüklediğim binlerce sitem, on binlerce özlem ve milyonlarca keşke vardı.

"İyiyim. Siz nasılsınız?" demiştin.

"Şimdi çok daha iyiyim."

Daha iyiydim ey sevgili. On beş yılda bir arpa boyu kadar yol alabilmiştim kaplumbağa hızıyla çıktığım yolculukta, ilk durağa varmıştım. Konuşamıyordum. Dilim tutulmuştu adeta. Duygularım oldukça yoğunlaşmış, düşünce istemimi buharlaştırmış, konuşamaz duruma getirmişti. Kendime gelmem gerekiyordu. Toparlanmam gerekiyordu acilen.

Henüz bir canlılık belirtisi yoktu. Kısa bir sessizlik oldu. Çok geçmeden sessizliği senin tiz sesin bozmuştu.

"Ee anlat bakalım Toprak." sesin çok samimi geliyordu. "Beni on beş yıldır seviyor ve bekliyormuşsun, doğru mu bu?" Evet o bekleyen, o seven benim diyecektim. Ama bu söylemi inandırıcı kılmam lazımdı. Bunun için de yüreğimden kopup gelmesi gerekiyordu. O "evet" içimdeki özlemi, hasreti, çektiğim çileyi yüklenip öyle sana teslim edilmeliydi. Kendimi kontrol edip en yoğun duygularımı harekete geçirip sözde güçlü, anlamda derin bir iç sesimle "Evet." demiştim. Boğazımda düğümlenmiş duygularımdan kopup gelmişti o "Evet". Ne kadar dikkat ettimse de sana ulaştığında o yoğun duygularımı yükleyip çıkardığım "Evet"; cansız, cılız ve ruhsuz bir "Evet"e dönüşmüştü. Benden çıkan bu sese ben bile inanamamıştım. Hemen toparlanıp vakit kazanmaya çalıştım. "Kusura bakmayın Eylül Hanım, gereğinden fazla heyecanlı ve gerginim. Şimdi neresinden başlayayım ben, hangi eksik tarafımı açıp sunayım size?" Konuşmuştum biraz ve rahatlamıştım hafiften. Bu kurduğum uzun cümle biraz daha rahatlatmıştı beni. Konuştukça açılacağımı anlamıştım.

"Yardımcı olayım size, isterseniz en baştan başlayın."

"Zamanınız var mı? Biraz uzun sürebilir."

"Kuaföre gideceğim, yarım saatlik bir zamanım var. Dinleyebilirim sizi yarım saat."

Daha bir kendime gelmiştim. Yarım saatte ne aktarabilirimin derdine düşmüştüm o an. Kısa bir muhakemeden sonra can alıcı yerlerden başlamalıydım sonucuna vardım.

"Tamam Eylül Hanım. En başından başlayayım. Tam on beş yıl önce ilk gördüğüm yerde ok gibi saplandınız yüreğime. Ne öldürdünüz, ne de diri bıraktınız beni. Sizi gördüğüm o gün, vuruldum en hassas yerlerimden. Sizinle bütünleşmiş, bir an ruhumdan ayıramamıştım sizi."

"E sonra?" biraz heyecan yüklenmişti sesin.

"Sonra size ulaşmaya çalıştım. Sizinle ilgili birkaç bilgi topladım. Adınızı öğrenmiştim örneğin. Şubenizi, kaldığınız evi ve memleketiniz de öğrendiklerim arasındaydı. Talihime bakın ki sürekli gittiğim spor salonunun üstündeki evde kalıyordunuz. Ve sizin ev arkadaşınız Leyla'yı tanıyordum spor salonundan. Leyla'ya bir şey vermek bahanesiyle kapınızı çaldım. Kapıyı siz açtınız. Güzelliğiniz beni bir kere daha büyülemişti. Tek kelime konuşmamış, elimdekileri alıp kapıyı kapatmıştınız." Çok hızlı konuşuyordum adeta nefes almadan.

"Ama ben daha hatırlayamadım sizi."

"Hatırlatacağım size Eylül Hanım. Bana biraz zaman verin. Sonra ben sizi günlerce takip ettim. Evinizden okula giden yolda bir akşam yaklaşık iki yüz metre bakıştık. Yanımdan geçip gittikten sonra bile bakıştık. Dönüp dönüp baktık birbirimize."

"Dur bir saniye, hatırlıyorum sanki o sahneyi."

"Hatırladınız mı gerçekten?"

"Evet hatırladım, size bakarken ayağım tökezledi. Az kalsın düşüyordum. Sonra güldüm kendi kendime. Evet tam ve net hatırlıyorum o sahneyi."

"Hatırladığınıza çok sevindim. Bu sahneyi hatırlamanız hikâyemi anlatmamı kolaylaştıracak."

"Peki niye gelmediniz yanıma? Konuşmadınız benimle? Madem bu kadar sevmiştiniz de, niye gelmediniz? Oysa ben sizden etkilenmiştim, uzun uzun bakarak açık kapı da bırakmıştım. Niye gelmediniz? Gelip konuşsaydınız büyük ihtimal size evet diyecektim."

"O gece gelemedim, cesaret edemedim. Ancak çok ümitlenmiştim."

"Peki sonrasında niye gelmediniz?"

"Ben sizi üç hafta boyunca aradım, bulamadım. Gördüğümde de benim için her şey bitmişti artık."

"Nasıl yani her şey bitmişti?"

"Siz başka biriyle el ele evimizin önünden geçtiniz benim için her şeyin bittiği o gün. Dünyam başıma yıkılmıştı o an. İşte o gün bugündür ben hiç olmayan sizi seviyor ve bekliyorum."

"Başka biriyle bir yaşam kurmayı düşünmediniz öyle mi? Evlenmediniz yani hiç? Başkasını sevemediniz doğru mu?"

"İki defa annemin yoğun baskısıyla nişanlandım ve hemen akabinde yapamayacağımı anlayınca iki nişanı da bozdum."

"Sevmeyi denemediniz mi hiç? Keşke başka birini sevebilmeyi deneseydiniz. Deneseydiniz sevebilirdiniz belki. Üzüldüm, çok üzüldüm gerçekten bu kadar beklemiş olmanıza. Tabi üzülmenin yanında şunu da itiraf etmeliyim ki çok mutlu da oldum. Gururum okşandı." Sesin yumuşak ve teskin ediciydi. Oldukça rahatlamıştım. Rahatlatıyordun beni.

"Keşke gelseydiniz o gece, keşke konuşsaydınız. Beni bu kadar sevdiğinizi anlatsaydınız. Sizden zaten etkilenmiştim. Bu sevginize duyarsız kalamazdım. Kendimi iyi tanıyorum." Sesin ne kadar da huzur vericiydi. Düşlediğimden daha etkileyiciydi. Sen hep konuşsaydın keşke, ben de dinleseydim hep sonsuza kadar.

"Peki Toprak Bey, buraya kadar her şey çok güzel. Çok hoşuma gitti anlattıklarınız. Ben sizin için ne yapabilirim? Elimden ne gelir?"

"Aslında Eylül Hanım sizden tek bir beklentim ve çok uç bir hayalim var."

"Nedir o?"

"Size olan sevgimi size anlatma fırsatı vermeniz. Tek isteğim bu. Yıllardır taşıdığım ve ağırlığında ezildiğim sevgimi anlamanız. Başka hiçbir beklentim yok."

"Hayaliniz peki?"

"Uç hayalim de, dünya gözüyle karşılıklı sizinle capcanlı görüşebileceğim yarım saatlik bir zaman dilimi."

"Doğrusu sizinle tanışmak, sizi dinlemek ve bir çay içmek isterim. Fakat ötesi yok bunun. Üzerine çok titrediğim, sevdiğim iki tane yavrum, kurulu bir düzenim var. Gayet de mutluyum. Bu huzur ortamımı bozacak bir ihtimali düşünmek bile istemiyorum. Çocuklarıma adadım kendimi. Tek düşüncem onlar. Hayatımın merkezinde onlar var."

"Hayır, hayır Eylül Hanım. İnanın sizi huzursuz, mutsuz etmek gibi bir niyetim yok. Dinlemenizi istiyorum sadece beni. Açık bir adres verirseniz, yazıp yazıp gönderirim size. Hatta isterseniz yıllardır size yazdığım yazıları, şiirleri de gönderebilirim."

"Bak bu olur işte. Gönder yazdıklarını okumak isterim." Mutluluktan istemsizce güldüm. Kendimden geçmek üzereyken kendime getirdin:

"Toprak, bir şey soracağım."

"Tabi buyur."

"Yıllardır seviyorum, yıllardır sizinleyim diyorsun ya."

"Evet, arkasındayım söylediklerimin."

"Bence bu kadar emin olma."

"Gayet tabii ki eminim."

"Madem yıllardır kendinde yaşattın beni, her an yanı başındaydım, niye telefonu açtığından beri bana siz ya da Eylül Hanım diye hitap ediyorsun. Demek ki benle yaşamamışsın. Yoksa insan on beş yıl yüreğinde taşıdığı insana yabancıymış gibi resmi davranır mı?"

O an ters köşe yapmıştın beni. Hani diyordum ya yarına kadar hazırlanayım da strateji geliştireyim diye. On yıl çalışsam da buradan soru geleceğini tahmin edemezdim. Sus pus olmuştum. Tek bir kelime çıkmamıştı ağzımdan. Sonra sen yüreğime su serpmiştin telefonu kapatırken:

"Şaka yaptım Toprak. Takıldım öylesine. Ama bana sen ya da Eylül de. Sizli bizli konuşma. Sizli bizli konuşmayı sevmiyorum. Tarzım da değil. Benim kapatmam lazım. Kuaföre gideceğim. Görüşürüz sonra, olur mu?"

"Tabii ki olur. Çok teşekkür ederim, beni dinlediğiniz ve kendimi anlatma fırsatı verdiğiniz için."

"Önemli değil Toprak. Onurlandırdın beni. Şimdilik hoşça kal."

"Hoşça kal Eylül.

Hoşça kalmıştı muhabbetimiz. Ne de güzelce "Hoşça kal." demişti. Telefonu kapattıktan sonra bir müddet telefon elimde daldım yakınımdaki uzaklara. Kendimden geçmiştim. Büyülü sesin mest etmişti beni. Yarı sarhoş olmuştum. Gözlerimden sevinç gözyaşları dökülüyordu. Bir el dokundu kollarıma: "Toprak" demişti. Büyüne o kadar kapılmıştım ki sen sandım. Dönüp baktığımda efsunlanmış halimle sesin sahibinin, seslenen ve dokunanın Leyla olduğunu fark ettim. Bu konuşmanın baş mimarını unutmuştum. Hemen dönüp kucaklayıp ayaklarını yerden kestim. Öptüm defalarca.

Leyla gülüyor, indir beni diyordu tüm utangaçlığıyla. Ben kendimden geçmiştim. Havada kaç tur döndürdüm bilemiyorum Leyla'yı, ey sevgili! Lokantadaki herkes dönüp bize bakıyordu o an.

"Toprak lütfen indir, herkes bize bakıyor."

"Tamam, tamam Leyla."

İndirdim Leyla'yı bir kez daha sarıldım. Kulaklarına eğilip: "Teşekkürler can dostum. Minnettarım sana. İyi ki varsın. İyi ki gelmişsin buraya. Bana ne büyük bir iyilik yaptığının farkında değilsin." dedim. Leyla kızarmıştı. Alıp masaya götürdüm. Sonra bizi anlamsız ve şaşkın bakışlarıyla izleyen lokantadakilere:

"Her şey yolunda... Çok güzel bir haber aldım. Çok mutluyum." dedim. Lokantadakiler gülümsedi. Garsonu çağırıp, yeni yemek siparişleri verdik. İkimiz de yemek yememiştik. Yemeklerimiz yarım kalmış, soğumuştu.

İçimdeki çocuğu kontrol edemiyordum. Bir yerlerimden kaçıyordu. Leyla da oldukça mutluydu. Herhalde sevincimi abarttım biraz deyip Leyla'dan özür diledim. Kızarmıştı Leyla. Beklemiyordu bu tepkilerimi. Leyla'dan özür dileyip gönlünü aldıktan sonra:

"Dile benden ne dilersen." dedim. Leyla:

"Sen mutlu oldun ya, on beş yıllık hasretini bir nebze dindirdin ya o bana yeter. Ben alacağım mutluluğu aldım. Sevinme gösterin hariç her şey mükemmel gelişip sona erdi. Bu mutluluk sana da bana da yeter. Bununla yetinelim bence."

Ben Leyla'yı mutlu etmek istiyordum o beni nasıl mutlu ettiyse:

"Lütfen Leyla, bir şeyler yapmak istiyorum senin için. Lütfen bunu çok görme bana." Yalvarır gibi sesleniyordum.

"Toprak, abartıyorsun. Kim olsa aynısını yapardı. Hem ben ne yaptım ki? Uzatma lütfen."

Leyla ikna olabilecek gibi durmuyordu. Duygusal bir tuzak hazırladım onun için en acıklısından:

"Bak Leyla'cığım onca yıllık hasretimi dindirdin. Ulaşılamazımı ulaştırdın bana. Eğer seni mutlu edecek bir şey yapamasam bu mutluluğum inan buruk olacak, eksik kalacak bir yerlerim. İnan tüm içtenliğimle senin için bir şeyler yapmak istiyorum. Beni bu tatmin olma duygusundan mahrum bırakıp, mutluluğuma gölge düşürme lütfen." Ve o da oltaya gelmişti. Gerçekten de ey Eylül, bir şeyler yapmak istiyordum Leyla için. Sesini on beş yıllık mesafeden getirdiği için.

"Peki, peki. Bir şey isteyeceğim senden."

"Evet Leylacığım, dile benden ne dilersen."

"Trabzon'a gidelim bu akşam. Büyükşehir havası alalım." Duraksayıp tepkimi ölçmeye çalıştı. Sonra da söylediğine pişman olmuş gibi: "Ama istemiyorsan gitmeyebiliriz."

"Ah Leyla'cığım istememek ne demek, ben yıllardır manevi olarak oldukça ağır bir yükten kurtulma ümidine sayende tutundum. Seni günlerce sırtımda taşısam of bile demem, emin ol. Haydi bir türlü bitiremediğimiz yemeğimizi yiyelim de çıkalım yola."

"Çok yormuş seni yıllar Toprak. Bir damla mutluluğa muhtaç yaşamışsın. İnan mutlu olmana çok sevindim. Sabrına, sevgine hayran kaldım gerçekten."

"Teşekkür ederim Leyla."

****

Yemekten sonra çıktık şehirden, Trabzon'un yolunu tuttuk. Ben çok neşeliydim. Durmadan takılıyordum Leyla'ya. Leyla'da durgun bir mutluluk vardı. İlk önce sinemaya götürdüm Leyla Hanım'ı. Sinemadan çıktıktan sonra alışveriş merkezine gittik. Birkaç parça hediye aldım kendisine. Sahilde yürüdük yan yana. Deniz ikimizi de duygusal yapmıştı akşam akşam. Leyla da ben de durulmuştuk. Aramızda resmiyet kalmamıştı diyebilirim. Leyla'yı bir kız kardeş gibi sahiplenmiştim. İçimde şefkate bürünmüş bir sevgi büyüyordu Leyla'ya karşı. Sahil boyu yürürken bir banka oturup denizi seyre daldık. Uzun müddet izledik sessizce denizi, dalgaları. Beynim Eylül'ün içinde bulunduğu bir sahneden, Eylül'ün içinde bulunduğu bir başka sahneye atlayıp duruyordu. Takip edip duruyordum hayallerimi. Tamamen özgür bırakmıştım bilincimi, Eylül'ün peşi sıra koşan. Bu gece ve sonraki geceler artık dizginlemeyecek, durdurmaya çalışmayacak, olmayacak nidalarıyla yolunu kesmeyecektim düş dünyamın. Giden ömrüm gibi itaat edin Eylül'e, gidin arkasından diyordum. Bugün size ne kınama vardır, ne de yalanlama ve ne de yok sayma. Akın Eylül'üme bütün çağrışımlarınızı kullanarak. Ufukta bir ışık göründü artık. Takip edin, takip edeyim, belki sahili selamete çıkarız hep beraber.

Denizin hafif dalgalarında sana gidip geliyordum. Dalgalar seni getiriyor, sen tam inip yanıma gelecekken, beni alıp götürüyordu sana. Ben sana vardığımda ise sen bana gelmiş oluyordun. Birbirimizi arıyorduk denizin dalgalarında. Gökyüzündeki yıldızlar bizi izlemeye koyulmuş, ay yarım, tam yarısından eksik haliyle bendeki eksik seni andırıyordu. Ay da benim gibi yarım yamalaktı. Son gelen dalganın kıyıya vurmasıyla Leyla hafif kıpırdayıp, boğazını temizledikten sonra:

"Toprak, bir şey soracağım." dedi Leyla. Varlığını unutmuş olduğumu hatırlayıp mahcup mahcup döndüm Leyla'ya.

"Sor Leyla." dedim bütün vücudumu ona dönerek.

"Eylül'ün nesine vuruldun bu kadar? Neyi etkiledi seni bu kadar? On beş yıllık bir sevgiyi üzerine bina edecek ne buldun onda, diğerlerinde olmayan?"

"Bunun üzerine ben de çok düşündüm Leyla. Ama inanır mısın net bir cevabım yok. Yani anlamlı ve mantıklı bir cevabım maalesef mevcut değil bende. Ama şunu biliyorum ki, Onu gördüğüm o ilk anda yüreğime, beynime, ruhuma kazındı. Mantığım bile bu kadar bekleyişe, onca sancıya, onun ulaşılamamasına bir kere bile olsa itiraz etmedi. Birisini görürsün büyüsüne kapılırsın ya, belli bir zaman geçtikten sonra büyüsü kaybolur. İşte Eylül'ün bendeki büyüsü hiç kaybolmadı."

"Kavuşamadığın için olabilir mi acaba büyüsünün devam etmesi?"

"Onu da düşünmedim değil doğrusu fakat kavuşamadığını anladıktan sonra çevren, mantığın artık onu geride bırakmanı salık verir ve sen de bir müddet sonra etkisinde kalıp yoluna devam edersin kalbinde sevgisi, sızısı olsa da. Ben geride bırakamadım. Ve Leyla ben, gerçekten benim için en doğru insanı sevdim. O yüzden hiç sönmedi sevgimin meşalesi."

"Doğru insan evet, doğru sevgi çok önemli... Bazen yanılıyoruz, yanılgıya kapılıyoruz. Bir an büyüsüne kapıldığımız insanın daha sonra büyüsünün yok olduğunu çaresizce izliyoruz."

Kısa bir sessizlik oldu. Eylül'e bir adım yaklaşmış olmanın mutluluğu bütün ruhumu büyük bir heyecanla sarmıştı. İçim içime sığmıyordu. Dönüp Leyla'ya minnet dolu gözlerle bir kez daha baktım:

"Bana ne büyük bir iyilik yaptın Leyla. Çok teşekkür ederim."

"Abartma Toprak, yine başlama." Ben mutlu bir tebessümle yanıt verdim Leyla'ya. Sonra derin bir ah çekip:

"Eylül'e kavuşacağım inancına sahip değilim daha. Sanki ona ulaşmak için on beş yıllık bir çile yetmeyecek gibi."

"Aksine ben kavuşacağınızı düşünüyorum. Eylül kayıtsız kalamayacak bu sevgiye. Gün geçtikçe alışacak sana ve sensiz yapamayacak emin ol."

"İnşallah Leyla, inşallah..."

***

Ertesi gün sabah erkenden kalkıp, gece gördüğüm düşlerin, kurduğum hayallerin etkisiyle çalışma odasına gittim. Yıllardır senin için yazdığım, çizdiğim ne varsa derleyip, toparladım. Tarih sırasına göre düzenleyip, kolilere yerleştirdim. Üç koli dolmuştu. Kolileri alıp postaneye götürdüm. Vermiş olduğun adrese yolladım. Kolileri teslim ederken, emanetleri sahibine ulaştırmanın derin hazzı vardı içimde. Tek temennim, her çeşit renk ve tondaki duygularımın yüklü olduğu kolilerin sana, herhangi bir kazaya ve belaya uğramadan ulaşmasıydı.

Tek koleksiyonum, tek hobim sana yazdıklarım, biriktirdiklerim olmuştu on beş yıl boyunca. O koleksiyonun eksik parçaları sende tamamlanacaktı. Duygularımı kâğıda dökerken de, sensiz seni yaşarken de, seni beklerken de tek bir ümidim vardı: Sana bir gün hissettiklerimi ulaştırabilmek. Okumanı ve anlamanı sağlamak... Sonrasındaysa sana olan duygularımı sözel olarak ifade edebilmek. Belki de yaşamımın asıl amacı bu olmuştu. Bu umuttu beni hep diri tutan. Bir gün karşına çıkıp, bütün duygularımı baştan aşağı başından dökeceğimi hayal ettim hep. Duygularımın büyük çoğunluğu başından aşağıya kayıp düşse de, çevrendekiler alıp sahiplenmeye çalışsa da, mutlaka bir iki gül yaprağı kıvamındaki duygum, kalbinin üstündeki göğüs bölümüne tutunacak, kelebek etkisiyle bazı telleri hareketlendirecek, belki de titreşime neden olacak; titreşim, sallantıyı; sallantı depremi tetikleyecek; oluşan deprem yüreğindeki, ruhundaki şemaları değiştirip, senle ilgili önyargısız, beklentisiz, safiyâne sevgimi üst sıralara taşıyacaktı. Bu dediğim olay zincirinin oluşabilmesi için önce gül demetleri kıvamındaki duygularımı başından aşağıya dökebilmeliydim.

İlk adımı atmıştım. Eğer okutabilirsem sana o yazdıklarımı, sıra o yazdıklarımın tercümesini yapmaya gelecekti. Söze, kelime ve cümlelere dökecektim. Yazıların bağlantısını kurup, boşlukları dolduracaktım. Belki o zaman yüreğindeki şemalara tesir edebilirdim. Sıralamanda üst sıralara tırmanıp, sevgine nail olabilirdim. Gününün küçük bir anında azıcık yer alabilirsem; anarsan, düşünürsen beni, büyük bir savaştan sonra zafer kazanmış bir komutan gibi hissedecektim kendimi.

Kolilere bir kına yakmadığım kalmıştı. Sanki savaşa, askere, gurbete gidiyor gibilerdi benim için. Teslim ederken: "Yolunuz açık olsun. Gidin ve kendinizi en iyi şekilde ifade edin, büyük bir misyonunuz var. En kolay, en güzel şekilde okutun kendinizi. Açık, net ve anlaşılır olun. Doğru anlamı yüklenip, doğru çağrışımlarda bulunun. Birçok teşebbüs bir kıvılcımı bekler. Gidin ve o kıvılcımı çakın. Bütün dualarım sizinle." deyip uğurlamıştım.

O gün telefonla hiçbir temasımız olmadı. Sana gönderdiğim kısa mesajdan sonra. "Yazdıklarımı, biriktirdiklerimi kolileyip gönderdim. Yarın ya da en geç öbür gün elinde olurmuş. Hoşça kal."

"Tamam. Teşekkürler." diye bir mesaj yollamıştın.

İçimde tatlı bir heyecan, ilk adımı atmış olmanın dayanılmaz hafifliği vardı. Postaneden sonra kütüphaneye döndüm. İçimdeki heyecan hiçbir şey yaptırmıyordu bana. Ne kitap okumak, ne kitap düzenlemek istiyordum. Kolilerimin yolculuğunun heyecanı sarmıştı beni. Ben de onlarla yolculuk yapıyordum sanki. Neredeydi şu an kolilerim. Çıktı mı acaba buradan? Ne zaman çıkarlardı? Sorular gelip gelip beynimi yoruyor, bir şekilde dikkatimi dağıtıyordu. Benden sana gelen ilklerdi o koliler. İç dünyamın dışa, sana vurumuydu. Okuyunca ne tepki verecektin acaba? Zihnimde deli sorular... Bu sorular ikinci gün de devam etti beynimde. Oturduğum koltukta dakikalarca düşünüp durdum. Sorular beni meşgul ederken, soruları çay eşliğinde sindirebilmek adına çay koydum. Sandalyemi çıkarıp dışarıya hafif hafif serpiştiren karı izlemeye başladım. Dışarısı serindi ama içim sımsıcaktı. Son tutunduğum ümitlerim ısıtıyordu beni. Karın yağışını anlamsız gözlerle izliyor, beynimin tek meşgalesi seninle cebelleşiyordum. Yıllardır o kadar merkezindeydin ki yaşamımın, her yerinde, her ayrıntısında hüküm sürüyordun. İstilaya uğramıştım. En küçük boşluğumda bile uçurumdan yuvarlanır gibi boşluğuna düşüyordum. Sana karşı çok hassastım. Büyük bir zaaf oluşturmuştun bende. Sana karşı ağır, ezici yenilgilerim vardı. İnadına sen bana mağlubiyetler yaşattıkça, sana daha çok tutunuyordum. Bilenmiş olarak hayalinle her karşılaştığımda, bütün silahlarım birer birer düşüyordu ellerimden. Direnç gösterecek takatim kalmıyordu. Kayıtsız, şartsız teslim oluyordum.

Emin ol Eylül, sen ve yedi ceddin hiçbir emek harcamadan böylesine kolay bir zafer kazanamamışsınızdır. Sana olan mağlubiyetlerimi saymazsak, ben ve yedi ceddimden bu kadar kolay teslim olan olmamıştır.

Ben dışarıda karın yağışını izleyip, çayla içimi ısıtırken Leyla çıkageldi. Şaşırmıştı dışarıda oturmama:

"Toprak, merhaba. Dışarısı soğuk değil mi? Üşümüyor musun?" dedi gülümseyerek karşılayıp, ona sandalye çekerken: "İçim yanarken, dışım üşürse dengelerim diye düşündüm."

"Ben senin kadar dirençli değilim, hemen hastalanırım. İçeriye geçelim mi?" İçeriye geçip çay verdim Leyla'ya. Kendi çayımı da tazeledim. Bu sefer de camın arkasından, dışarıyı izlemeye başladık. İkimiz de düşünüyorduk, ikimiz de dalmıştık. Çayımızı yudumlarken bir ara göz göze geldik, gülümsedik. Sessizliğe bir soru bıraktım:

"Ne yaptın Leyla, döndüğümüzden beri?"

"Döndükten sonra kendimi yatağa attım, deli gibi uyudum. Sabah erken kalkıp, hazırlanıp okula gittim. Yarım kalan uykumu dersten sonra da telafi ettim."

"Bitti mi dersin bugün?"

"Bugün iki dersim vardı sabahtan. O da bitti."

"Bak buna sevindim işte. Yanımdasın yani. Bu sessizlik, bekleyiş yoruyor beni."

"Sen ne yaptın, görüşebildin mi Eylül'le?"

"Hayır görüşemedim maalesef. Ona yazdıklarımı kolileyip gönderdim dün sabah. Mesajla haber verdim kolileri gönderdiğimi."

"Niye arayıp haber vermedin?"

"Sıkboğaz etmeyeyim, ürkütmeyeyim ilk günden diye düşündüm. Bu kadar yaklaşmışken, kaybetmemeliyim onu Leyla. Hele bir yazdıklarım eline geçsin, beni biraz anlasın, sevgimin büyüklüğünün farkına varsın, ondan sonrası kolay."

"Hımm, bakalım Eylül Hanım'ımız ne cevap verecek yazdıklarına?"

"Sence ne tepki verir Eylül?"

"Bence, olumlu tepkiler verecektir. Bu sevginin karşısında en duyarsız, ilgisiz insan bile direnemez. Erir gider. Böyle bir sevginin benzeri yok. Kime sorsan, Eylül çok şanslı der. Böyle bir sevgiye herkes muhatap olmak ister. Sen onu bütün varlıklardan özelleştirmişsin. Büyülü bir varlık gibi olmuş senin için. Büyülü seviyorsun. Bu büyüye kapılmama ihtimali yok. Eriyecektir zamanla. Mum gibi olacaktır." Ağzından bal damlıyordu Leyla'nın. Söyledikleri teskin ediciydi. Rahatlatıyordu beni ama içim o kadar da rahat değildi:

"Ben çok emin değilim. İçimde bir his, bir şeyler ters gidecek ve geri tepecek diyor. Ve bu geri tepme beni oldukça yaralayacak."

"İyi düşün, iyi olsun. Tabii ki tedirgin olman gereken durumlar da var. Nihayetinde seni bilmiyor, tanımıyor. Sadece hatırlıyor. Bir anda yüreğinin ortasına çadır kurup yerleşmeyi de bekleme. Zamanla olacak bunlar. Yazdıklarını okudukça, seni anlayacak; seninle konuştukça bu yazılanlar sağlam bir zemine oturacak ve seni gördüğünde sevgini fiili olarak hissettiğinde tamamıyla rüzgârına kapılacaktır."

"Yani zaman lazım diyorsun."

"Elbette zaman lazım. Şimdi senin yazdıklarını okudukça, senin sevgi damlaların bir bir düşecek yüreğine. Damlalar bir bir birleşecek. Büyüyüp göletlere, ummanlara dönüşecek. Tabii gönlünde biri yoksa. Eğer yoksa boşluğu doldurman kısa sürecektir."

"Var mıdır birisi Leyla?" Sesim oldukça tedirgin çıkmıştı.

"Hayır yoktur büyük ihtimal. Örnek verdim sadece."

"Büyük ihtimal mi?" Daha da tedirgin olmuştum. Bu ihtimali hiç düşünmemiştim.

"Yoktur Toprak, panik yapma. Olsa söylerdi zaten. Niye söylemesin?"

"İşte şimdi rahatlattın beni Leyla." Gerçekten o kısa anda tedirgin olmuş sonrasındaysa rahatlamıştım.

Leyla konuşup moral veriyordu bana ama çok durgundu. Sen bir an aklımdan çıkmıyordun. Tedirgin bir bekleyişim daha başlamıştı yine sende. Fakat Leyla'daki durgunluk dikkatimden kaçmıyordu. Sormadan geçemedim: "Neyin var Leyla? Niye neşesiz ve durgunsun?"

"İçimde bir sıkıntı var. Ne olduğunu bilmiyorum. Somut bir şey yok."

"Düşün bakalım Leyla, ne olabilir diye?"

"Yok, yok öyle budur, şudur diyebileceğim bir şey yok. Bir sıkıntı ama adlandıramıyorum. Günlük hayatta bir karşılığı yok. Geçer biraz sonra. Ara ara olurum böyle. Bir karamsarlık, bir olumsuzluk ruhuma çöker. Saatlerce debelenirim. Alttan alta verir negatif enerjiyi."

"Bende de olur böyle bir durum ara ara. Üstüme üstüme gelir her şey. Bunalırım, sıkılırım. Hiçbir yerde durmak istemem. Ne yaparım biliyor musun o zamanlarda?"

"Ne yaparsın?"

"Saymaya başlarım canımın sıkılmış ihtimali olan şeyleri. Bu mu sebep, bu mu diye soru yağmuruna tutarım kendimi. Hiçbir sebep bulamadığımda ruhumdaki sıkıntının gittiğini görürüm. İçimdeki tek ve kalıcı sıkıntı Eylül oldu hep. Onunla da onsuz yaşamaya alıştım. Sen de içinden say istersen sıkıntına neden olabilecek şeyleri. Belki seninki de geçer."

"Deneyeyim bakalım." Leyla camdan dışarıya bakıp çayından son yudumunu da aldı. Uzun sayılabilecek bir müddet sonra gülümseyerek bana dönüp:

"Biraz rahatladım sanki Toprak. İşe yaradı. Ama nasıl oldu bu?"

"Yani tam emin değilim ama bilincimiz bir belirsizlikteyken karamsarlığa dönüşüyor. Sen tek tek saydığında bilinç, belirsizlik içindeki sebep olarak görülebilecek ihtimalleri ortadan kaldırıyor. Belirsizlikten çıkıyorsun. Belirsizlik içinde kıvranan bilincinin yükünü hafifletiyorsun. Bilinç belirsizlikten çıkıp güçlendikçe özgüveni artıyor. Yaşam koçluğu gibi düşün. Kendine gelen bilinç o kısırdöngüden kurtuluyor."

"Mantıklı bir açıklama aslında. Belirsizliği kodlayıp sorunlu olmayan bölgeleri açığa çıkarıp, o bölgeleri ön plana çıkarıyor zihin. Bilinç sıkıntılı olmayan bölgeleri yüzeye çıkarıp oralardan güç alıyor. Güzel bir akıl yürütme ve olumlu bir sonuç."

"Sanki öyle Leyla. En azından ben böyle bir çözüm buldum. Bütün insanlığın derdine çare olamayabilir ama ben yararlanıyorum bu teknikten."

"Peki Toprak, sorunlu bölgeleri ortaya çıkardığımızda, o sorunlu bölgeler için bir çözüm tekniğin var mı?"

"Maalesef öyle bir çözümüm yok benim. Ama o sorunlu alanlarla nasıl baş ettiğimi söyleyeyim sana. Ben o sorunlu bölgelerimle yaşamayı öğrendim. Sen de onu dene istersen."

Leyla biraz rahatlamış görünüyordu o an ama içten içe çöküntü halindeydi. Ben geçirdiği rahatsızlığa bağladım. Leyla biraz daha oturup, bir çay daha içip, senden biraz daha konuşup rahatladıktan sonra eve gitti. Çok yorgun olduğunu gözlemledim.

O günü pas geçmiştim. Kargo ulaşmamıştı büyük ihtimal. Düşüncelerim o yöndeydi. İçimdeki o binde birlik ihtimal de olsa sarılmaya hazır olan o ümit var ya, o hep dinçti. O günüm oldukça stresli geçmişti. Üstelik gergindim de. O gerginlik ve bir türlü akıp gitmeyen zamandan kendimi ertesi güne zor atmıştım.

Ertesi gün öğlene kadar beklemiş senden haber alamamış, sonra mesaj atmıştım kargoyu alabildin mi diye?

"Şimdi gidip bakacağım, gelmişse alırım." demiştin. Elim ayağım titremeye, bir taraftan da sevinmeye başlamıştım. Zaman durmuştu. Geçmek bilmiyordu bir türlü. Leyla da görünürlerde yoktu. Kütüphaneyi enine boyuna arşınlıyordum. Durup durup kitapları sayıyordum. Rafların simetrik olup olmadığını inceliyordum. Zaman geçmiyordu bir türlü. Telefonu yanıma alıp dışarı çıktım. Küçük şehrin küçük çarşısını baştan sona birkaç kez dolaştım. Tanıdık esnaflara ayak üstü selam verdim. Zamanı ezmeye, eritmeye çalışıyordum. Son çarşı turum bitmeden telefonum çaldı. Sen arıyordun. Eylül yazıyordu. Yok yok Eylül arıyor yazıyordu. Hemen açıp telefonu kütüphaneye yürüdüm.

"Merhaba Toprak."

"Merhaba Eylül."

"Üç koli göndermişsin."

"Evet tam üç koli. Kolileri numaralandırdım Eylül. Birinci koli en eski yazıları, ilk dönemin izdüşümleri, kinci koli yakın geçmişin ürünleri, üçüncü koli ise son birkaç yılın yazıları. Tarih sırasına göre ayırdım."

"Eve taşıyana kadar canım çıktı Toprak. Ne yaptın sen böyle? Ne yazdın bu kadar?"

"Eylül bir şey yapmadım ben. Ben bunları yıllardır taşıyordum zaten. Hem de bütün manevi ağırlığıyla. Bir gün bile of demedim. Tatlı bir yük olarak taşıdım hep." Sesim birazcık sitemliydi. Sitem edecek bir hukukumuz oluşmamıştı daha ama ben yine de bir hukuk oluşturma çabasındaydım."

"Öyle demek istemedim Toprak, yanlış anlama. Bu kadar beklemiyordum. Üç beş sayfa bilemedin yirmi otuz sayfa bekliyordum. Şimdi sen bu yazıların hepsini, yani bu üç koli dolusu yazıyı benim için mi yazdın gerçekten?"

"Tabii ki senin için yazdım. Hiç okudun mu?"

"Daha başlayamadım. Akşam işleri bitireyim başlarım okumaya sakin kafayla."

"Sabırsızlıkla bekliyorum."

"Tamam Toprak, yazarım ben sana akşamın ilerleyen saatlerinde."

"Bekliyor olacağım Eylül."

"Hoşça kal."

"Hoşça kal Eylül."

Her seferinde "Eylül" demek hoşuma gidiyordu. Daha yakın hissettiriyordu. Tüm gün Eylül'le haşır neşir olmuştum. Her anım onunla geçmişti. Hiçbir iş yapmamış, hatta yemek bile yememiştim. Bak şimdi Leyla'yı da unutmuştum. Dünden beri hiç uğramadı. Dün giderken iyi değildi zaten. Veremi yeni atlatmıştı. Hem mutlaka uğrardı her gün. Niye gelmemişti bugün? İçime bir kurt düştü. Hemen aradım Leyla'yı. Ne kadar çaldırdıysam da cevap vermedi. Bir şeyler ters gidiyordu. Hemen kütüphaneyi kapatıp evine gittim. Yolda defalarca aradım. Yok yok açmıyordu. Bir sıkıntının olduğunu seziyordum.

Kapıya varıp, zili çaldım defalarca. Kapıyı yumruklamaya başladım ki Leyla yarı baygın halde ayakta duramaz şekilde kapıyı açtı. Yığılmak üzereydi. Hemen koluna girip yatağa götürdüm. Tir tir titriyor, ateşler içinde yanıyordu. Rengi sararmış, beti benzi atmıştı. Yüzündeki çiller bile kaybolmuştu. Üstüne kalın bir şeyler alıp hemen hastaneye götürdüm.

Leyla'yı o halde görünce çok korkmuştum gerçekten. Meğer sabahtan beri rahatsızmış. Sabah uyandığında elini yüzünü yıkamak için lavaboya yöneldiğinde, dengesi bozulmuş, geri uzanmak zorunda kalmış. İlk önce tansiyonunun düştüğünü düşünmüş. Biraz bekledikten sonra bir daha denemiş. Yaklaşık olarak on dakika geçtikten sonra tekrar ayağa kalkmaya çalışmış, yine başı dönüp kendini yatağa bırakmış. Sonraki saatlerde de denemiş ama gün boyu kalkamamış ayağa. Kendini gittikçe daha kötü hissetmeye başlamış. Önce sıtmaya tutulmuş gibi titremeye başlamış soğuktan. Sonra ateşi yükselmiş. Kendime çok kızdım. Kınadım kendimi defalarca. O kadar dalmıştım ki kendime hiç arayıp soramamıştım Leyla'yı.

Hastaneye yatırdıktan sonra serum bağladılar. Başında öylece bekliyordum. Ateşi inmiyor, titremesi geçmiyordu. Öyle hiçbir şey yapamadan bekliyordum. Yapabildiğim tek şey Leyla'nın elini avucuma alıp dualar etmek, bir taraftan da Leyla'ya telkinlerde bulunmak:

"Ne olur Leyla güçlü ol. Benim kardeşim güçlüdür. Hadi güzelim sen güçlüsün. Adımlayıp geçtik bütün zorlukları. Biz güçlü olmak zorundayız. Yoklukların, özlemlerin hep üstünden aştık."

Leyla'nın gözlerinden yaşlar akıyordu. Ellerimi sıkıyordu. Duyuyordu beni, hissediyordu. Tepki veriyordu. Çok sevinmiştim bu tepkisine. Nitekim bir süre sonra titremesi geçmişti. Titremiyordu ama vücudu hala yanıyordu. O arada telefonuma mesaj sesi gelmişti. Leyla'nın gözleri kapalıydı. Bir elimle Leyla'nın elini tutmuş, diğer elimle telefonuma gelen mesaja bakıyordum. Mesajı sen göndermiştin:

"Toprak, on sayfaya yakın okudum. İnanır mısın, ağlamaktan helak oldum. O kadar dokunaklı, içten ve sade anlatmışsın ki sevgini, büyülendim gerçekten. Nefesim kesildi. Leyla anlatmıştı biraz, üzerine sen biraz konuştun ama ben bu kadarını beklemiyordum."

"Eylül, inan senin o okuduğun on sayfa deryada damladır. Ve iddia ediyorum o gönderdiğim koli de gerçek anlamda hissettiklerimin gölgesi bile değildir. Ben, seni elimde koca bir hiç beklentiyle sevdim. Hiç bir şey beklemeden. Hiçbir zaman ne sesine, ne bedenine, ne de ruhuna hükmetme hayali kurmadım. Hiçbir hayalimde, hiçbir rüyamda beni seviyor musun deme cesaretinde bile bulunamadım. Bir türlü anlatmayla bitiremediğim sevgimi sana dillendirirken buluyordum kendimi. Hep sevgimin senin tarafından öğrenilmesi, farkına varılması telaşında oldum."

Mesajı yazarken hep Leyla'nın ateşini kontrol ettim. Mesajı yolladıktan sonra gidip birkaç tane ıslak bez getirip eklem yerlerine koydum. Yanıma da bir su kabı aldım. Yeni mesaj gelmişti senden:

"Benim için çok büyük bir onur ve gurur. İnan bana Toprak, çok şaşkınım. Ne diyeceğimi, ne tepki vereceğimi bilmiyorum. Nasıl davranmam gerektiğini de hiç ama hiç bilmiyorum. Bildiğim tek net bir şey var, o da, biz o akşam treni kaçırmışız. Hem de bizim için umut dolu, mutlu bir treni kaçırmışız. Keşke o zaman gelseydin, konuşsaydın. Belki ben bu kadar sıkıntı yaşamayacaktım. Sen bu kadar sabretmek, çileye yatmak zorunda kalmayacaktın. Keşkeee."

"Ben o akşam geç kalmanın bedelini, bütün ömrümü seni bekleyerek, seni özleyerek, seni dileyerek ödedim, ödüyorum. O sahnedeki geç kalmışlığımı affetmedi kader. O sahne dejavu olup her an girdi yaşamıma. Hiç affetmedim kendimi. Çok üzgünüm çooooooook."

Gözlerimden yaşlar akıyordu. Bu kez o sahneye, sahnenin asıl kahramanıyla birlikte yüzleşmiş ve kaybettiğimin büyüklüğünü canlı canlı test ediyordum kendimde. Ve bu da canımı oldukça acıtıyordu. Yaşlarımı silerken, Leyla'nın gözlerinden de yaşlar aktığını fark ettim. Zavallı Leyla! Çok acı çekiyordu. Ateşi biraz inmiş, sayıklamaya devam ediyordu. Teni de sıcaktı daha. Fakat o can çekiştiren aşırı ateş biraz düşmüştü. Gözyaşlarını sildim Leyla'nın, gözyaşlarımın döküldüğü ellerimle. Elimi bir kez daha sıkıca tuttu. Gözleri hala açılmamıştı. Sanırım güç alıyordu benden. Ya da teşekkür ediyordu. Belki de tutunuyordu.

"Nasip Toprak, nasip... Nasibimizde yokmuş. Şu an ne yapmam gerektiğini, nasıl davranmam gerektiğini bilmiyorum. Ben okuduklarımı sindirmeye çalışacağım. Bana müsaade. Kendimi toparlayınca yine yazarım sana. Tamam mı?"

"Tamam Eylül nasıl istersen. Bekliyorum hasret ve merakla. Hoşça kal."

Böyle kapanmıştı on sayfalık yazımın değerlendirmesi. Bu arada birinci serum bitmiş, ikinci serum takılıyordu koluna Leyla'nın. Leyla'nın ateşi düşmüştü artık. Yüzünde o acı çeken ifade de yok olmuştu. Yüzündeki çilleri görünmeye başlamıştı. Kardeşim benim, güzel ruhlu kardeşim bir melek gibi uyuyordu. Rahatlamıştı biraz. Tabii ben de. Ellerini hiç bırakmadım. Sabaha kadar bekledim başında. Şafak söktüğünde gözlerini açtı Leyla. Toparlanmış gibiydi. Daha dirençli görünüyordu. Dediği ilk şey:

"İyi ki varsın. Minnettarım sana."

"Saçmalama Leyla! Sen de olsan aynısını yapardın. Bunun lafı bile olmaz. Hem boş ver bunları da iyi misin sen?"

"İyiyim, iyiyim çok şükür sayende. Ne zaman eve gidebileceğiz?"

"Serumlar bitti. Biraz sonra doktor gelir kontrol eder seni. Artık neyi uygun görürse ona uyacağız."

"Tamam Toprak. Hele bir gelsin doktor. Ama Toprak çok açım, midem kazınıyor."

"Ne istersin güzelim, canın ne çekiyor? Tabi ya iki gündür açsın."

"Sıcak bir çorba olsa içerdim."

"İstediğin çorba olsun. Hemen gidip getireyim sana."

"Yok yok Toprak. Doktoru bekleyelim. Doktor taburcu ederse evde yaparsın bana. Yaparsın değil mi?"

"Tabii ki yaparım. Sen yeter ki iyi ol. Dün gece çok kötüydün. Ateşin uzun süre hiç inmedi, tir tir titriyordun. Hatta bir ara baya bir sayıkladın."

"Hadi ya ne sayıkladım peki?" Yüzünü endişe bürümüştü.

"İnan Leyla hırıltı şeklindeydi. Anlayamadım ama çok korktum. Bir ara o kadar acı çekiyordun ki karşında ağladım çaresizce."

"Ağladın mı gerçekten?" Gülümsemişti soluk yüzü. "Biliyor musun çok duygusal olduğunu? Çok teşekkür ederim. İyi ki bu küçük şehirde karşılaşmışım seninle."

"Leyla benim hiç kardeşim olmadı. Kardeşim gibi sahiplendim seni. Senin için büyükçe bir şefkat dağı oluştu kalbimde."

"Teşekkür ederim Toprak sen de benim için öylesin." Minnet yüklüydü bakışları.

İlerleyen saatlerde doktor gelip Leyla'nın taburcu olabileceğini söyledi. Leyla'yı taburcu ettikten sonra evine getirdim. Yatağına yatırdıktan sonra bütün hünerlerimi sergileyip çorba yaptım. Bol limon sıkıp kendi ellerimle içirdim. Sıcak da bir çay içtik muhabbet eşliğinde. İlaçlarını içirdikten sonra Leyla'yı uyur konuma getirip, yanı başına sandalyemi çekip oturdum.

"Ben uyuduktan sonra gidecek misin?"

"Hayır tabii ki, sen kendini iyi hissedene kadar ayrılmayacağım yanı başından."

"Teşekkür ederim Toprak. İyi ki varsın. Uyumadın değil mi tüm gece?"

"Önemli değil Leyla. Alışkınım ben uykusuzluğa. Birçok gece kaçtı uykularım yıllardır. Uykularım kaçtı ve ben peşlerinden hiç gitmedim."

"Dinç misin yani şimdi?" Gözleri merhamet yüklüydü.

"Dinç değilsem de uyuşuk da sayılmam. İyiyim yani. Rahat ol sen."

"Bir şey isteyeceğim o zaman."

"Hay hay buyurun efendim. Ne istersiniz?"

"Bana bir masal anlatır mısın?"

"Tabii ki anlatırım."

"Sağ ol Toprak. Ben uyuduktan sonra da git salonda kanepede uyu, dinlen. Kanepelerin altında yorgan ve yastık da var. Olur mu?"

"Tabii ki Leyla." Odanın perdelerini çektim.

"Hazır mısın?"

"Hazırım Toprak."

"Peki Leyla. Şimdi gözlerini kapat. Huzur içinde uyumaya çalış." Gözlerini yumdu Leyla.

"Şimdi seni bu zamandan ve mekândan alıp; teknolojinin hiç gelişmediği, her şeyin el emeği ve hayvan gücüyle yapıldığı çok eski bir zamana, çok eski bir mekâna götüreceğim. Bir dağ köyünde topal Balandeu'nun evine ve sonrasında yüreğinde Akiha için hazırlamış olduğu ve bir türlü sunamadığı gönül sofrasına misafir edeceğim. O yürekte yer yer ümitlere, tomurcuk açmış, sevgiye durmuş dallara, bazen kasıp kavuran fırtınalara, kökünden söküp attığı hayal kırıklıklarına sebep olan kasırgalara şahit edeceğim.

Balandeu taştan yapılmış bir evde açar gözlerini dünyaya. Evin en küçüğüdür Balandeu. İki abisi ve bir ablası vardır. Balandeu'nun bir ayağı doğuştan eksiktir diğerinden. Topal lakabı da oradan gelir. Balandeu büyüdükçe Topal Balandeu olarak anılmaya başlanır. Topal lakabı yüzüne söylenmese de yaşamı boyunca kendisini hep bir gölge gibi takip edecektir. Topal Balandeu serpilip büyüyünce ailesi onu evlendirmeye karar verir. Ailesi sorunca Balandeu'ya gönlünde birisinin olup olmadığını, Balandeu, yıllardır gönlünden geçen Akiha adındaki kızdan bahseder. Balandeu, Akiha'yı yıllardır seviyormuş meğer. İçten içe sevgisini büyütmüş yüreğinde. Ailesi Balandeu'nun bu isteğini öğrenince gidip istemeye karar verir. Ertesi gün Balandeu'nun babası Akiha'yı istemeye gider. Babası, olmaz ama yine de kızıma bir sorayım, der. Kız, Balandeu'nun kendisine talip olduğunu duyunca kıyametleri koparır: "Kala kala o topala mı kaldım?" diye avazı çıktığı kadar bağırır.

Akiha o geceden sonra oturup günlerce ağlamış. Akiha'nın söyledikleri kulaktan kulağa yayılıp, bir şekilde Balandeu'nun kulağına gelmiş. Hayata küsmüş Balandeu o günden sonra. Çok az yiyor, çok az konuşuyormuş ve çok az uyuyormuş. Balandeu'nun talip olmasından sonra sanki Akiha'nın bütün taliplerine yol açılmış gibi, talipler art arda Akiha'yı babasından istemeye giderler. Akiha içlerinden birisiyle evlenmeye karar verir. Bu haber Balandeu'nun yüreğine bir ok gibi saplanır. Balandeu artık yetişkin bir insandır. İki tane taş duvar ustası tutup köyün kuzeyinde bulunan dağın yamacına bir ev yapmaya başlar. Evin yapımını Akiha'nın düğününden önce bitirip yerleşir o dağ başına. Balandeu'nun artık köyle bağlantısı kesilir. Balandeu, ailesinin bütün ısrarlarına rağmen o dağda yaşamaya devam eder. Tek uğraşı aldığı birkaç koyun olur. O birkaç koyun yıllar geçtikçe katlanır. Yıllar sonra Balandeu çok zengin bir insan olur. Yıllar içinde Akiha'nın da beş çocuğu dünyaya gelir.

Akiha'nın evlenmesinin, Balandeu'nun dağ yamacına yerleşmesinin üzerinden on beş yıl geçtiğinde, ülke savaşa girer. Savaşa eli silah tutan herkes çağırılır. Savaşa katılanlar arsında Akiha'nın kocası da vardır. İki yıl süren savaşın sonunda Akiha'nın kocası savaştan sağ dönememiş binlerce insandan biriydi. Ölüm haberi köyün üzerine bir karabasan gibi çöker. Günlerce ağıtlar yakılır, yaslar tutulur. Balandeu, Akiha'nın kocasının ölüm haberini, köye gelmesinin üzerinden üç ay geçtikten sonra öğrenir. Haberi dağın yamacına kadar çıkan bir yaşlı adam vermiştir. Akiha'nın durumunu sorar yaşlı adama. Yaşlı adam Akiha'dan iyi haberler getirememiştir. Akiha'nın büyük bir felaketin eşiğinde, büyük bir sefaletin içinde yaşadıklarını, bir lokma ekmeğe muhtaç olduklarını söyler."

Leyla'nın gözleri uyku modundaydı. Derin derin nefes alıyordu. Uyuduğuna kanaat getirip hikâyeyi yarıda kestim. Duraksadım bir müddet uyuduğundan emin olduktan sonra, tam ayağa kalkacakken, Leyla gözlerini açmadan:

"Hadi Toprak, bitir masalı da öyle git lütfen." Gülümsedim:

"Uyuduğunu sandım. Tamam bitireceğim Leyla."

Yaşlı amca Akiha'nın bu durumunu anlatınca, Balandeu hıçkırıklara boğulur. Uzun bir müddet hıçkıra hıçkıra ağlar. Yaşlı adam Akiha'ya olan sevgisini bildiği için teselli etmeye çalışsa da Balandeu uzun süre ağlamaya devam eder. Hıçkırıkları seyrekleştiğinde yaşlı adamdan bir isteği olur. Yaşlı amca isteğini sorduğunda, Akiha'ya aylık para verse ulaştırıp ulaştıramayacağını sorar.

"Tabii ki ulaştırırım." der yaşlı amca.

"Bir şey daha isteyeceğim senden. Benim gönderdiğimi kesinlikle bilmeyecek. Ne olursa olsun söylemeyeceksin."

"Tamam söylemem de, parayı nereden getirdiğimi soracak ama."

"Hayır yapmak isteyen ve isminin gizli olmasını isteyen biri dersin."

"Merak edecek, sorup duracak ama yine de denerim."

O günden sonra yaşlı amca ayda bir defa gelip para alıp Akiha'ya götürmeye başlar. Akiha, ilk başta kimden geldiğini merak edip defalarca sorduysa da, hem içinde bulunduğu durumun vehameti hem de yaşlı adamın ser verip sır vermemesi zamanla unutturur Akiha'ya bu durumu. Balandeu normalde bir aileye bir ay yetecek paranın iki üç katını gönderir her seferinde. İlk iki sene bittiğinde Balandeu'nun birikmiş bütün parası bitmiştir. Sonraki üç yıda da koyunlarını satarak para yetiştirmiş Akiha ve çocuklarına. Altıncı seneye girilirken Balandeu'nun elinde avucunda hiçbir şey kalmamıştır artık. Koyunları da tükenmiştir. Altıncı senenin ortalarında kasabaya inip zengin bir adamın hizmetine girer yirmi dört saat mesaiyle. Balandeu köle olmuş, aldığı bütün ücreti Akiha'ya gönderiyordur. Tam beş sene boyunca o zengin sahibinin hizmetinde çalışır. Onuncu senesinde ince hastalığına yakalanır. Yıllarca dağlarda; besinsiz, gıdasız ve hasret yüklenmiş vücudu direnç gösteremeyip ölür. Ölünce yaşlı adam Akiha'ya para götüremez olur. Zaten yaşlı adam da oldukça fakirdir. İlk ay kendi cebinden yardım etse de Balandeu'nun hatırına, ikinci ay durumu Akiha'ya anlatmak zorunda kalır. Balandeu'nun kendisi için yaptıklarını öğrendiğinde gözyaşlarına boğulur Akiha. Günlerce ağlayıp yas tutar. Mezarını bulup üzerine yatır inşa eder. Ölünceye kadar, gündüzlerini Balandeu'nun yanında geçirir. Haftada bir gece ise yatar orada. Balandeu'nun çektiklerini düşündükçe kahrolur. Bütün yaptığı hakaretlere rağmen Balandeu'nun yüreğinde kendisi için büyütmüş olduğu sevgiye de imrenir. Bir müddet sonra Akiha de ölünce vasiyeti gereği Balandeu'nun yanına gömülür.

İşte böyle bitmiş hikâyemiz Leyla!"

Leyla'nın artık uyumuş olduğundan emin olduktan sonra üzerine battaniyeyi örtüp salondaki kanepeye kıvrıldım. Uzun bir müddet deliksiz uyudum. Havanın bulutlu olmasından gece modunda uyuduk uzun bir süre.

İlk ben uyandım. Uyandığımda küçük şirin şehrin ışıkları yanıyordu. Akşam olmuştu şehirde. Saate baktım altıyı geçiyordu. Gidip önce Leyla'nın durumuna baktım. Ateşi yoktu. Uyumaya devam ediyordu. Rahatsız etmedim. Dinlensin istedim. Dün gece çok acı çekmişti kızcağız. Salona geçip telefonumu aldım elime. Cevapsız aramam vardı. Açınca senin aradığını gördüm. Aradığın saate baktım yaklaşık olarak iki saat önce aramıştın. Geri aradım seni. Uzun uzun çaldı. Tam açmayacaksın diye düşünmeye başlamıştım ki o billur sesin telefonda karşılık verdi:

"Merhaba Eylül!"

"Merhaba Toprak."

"Kusuruma bakma Eylül, aramışsın. Uyuyordum ben. Geceyi hastanede geçirdik. Leyla çok kötü hastaydı."

"Geçmiş olsun. Neyi var ki?"

"Ağır üşütmüş garibim."

"Hadi ya nasıl şimdi?"

"İyi, daha iyi, uyuyor şimdi."

"Yanında mısın?"

"Evet yanındayım."

"Uyanınca haber ver de bir konuşup geçmiş olsun diyeyim."

"Olur olur haber veririm. Ne yaptın sen, okuyabildin mi?"

"İnan Toprak her fırsatta okuyorum. Dün gece geç saatlere kadar okudum yazdıklarını. Çok mutlu oldum. Okudukça sevilmeye aç duygularımın ne kadar çok olduğunun farkına vardım. Her duyguma ayrı hitap etmişsin. Çok farklı bir gurur yaşıyorum şu an."

"O gurur bana ait, ben seni sevmekle, sana talip olmakla gururların en büyüğünü yaşadım hep."

"Teşekkür ederim. Biliyor musun büyük bir fırsatı kaçırdığımı anlıyorum. Şans talihi etrafımda dolanıp durmuş. Tam konacakken kaçırtmışım talihimi. Kim bilir nasıl mutlu olurdum. Ve kim bilir beni bu kadar seveni nasıl mutlu ederdim. Gece boyunca ağladım. Hep niye, niye diye sordum kendime, talihime. Bu inanılmaz bir şey. On beş yıl boyunca benden hiçbir haber alamadan sevmişsin. Kim olsa kendine başka bir yaşam kurar, unutmaya çalışır. Üç gün beş gün, bilemedin üç beş ay, hadi biraz daha abartılı olsa üç beş yıl bekler sonra gidip apayrı bir yaşam kurar. Ama sen benden farklı hiçbir şey düşünmemiş, hiçbir teşebbüste bulunmamışsın."

"Yanılıyorsun Eylül, ben seni yanımdan hiç ayırmadım. Hep benimleydin, yanı başımda... Ne iş yaptıysam senin fikrini alıp, başarılı her işi getirip takdirlerine sundum. Yaşamımın içindeydin hep, at başı yol aldık beraber."

"Hep berabermişsin benimle ama izimi hiç sürmemişsin, sorup soruştursaydın keşke. Sadece iki yıl evli kaldım. Sekiz yıldır boşanmışım. Niye hiç düşünmedin? Her şey olması gerektiği gibi yürümüyor ki hayatta."

"Evlendiğin bölüme kadar olan izi sürdüm. Evlendikten sonra işlerinin ters gidebileceğini hiç düşünemedim. Senin gibi bir güzeli aldatacak kadar aptal olabileceğini hiç düşünemedim. Sandım ki dört kolla sarıp sarmalayacak seni. Bütün şefkatini, merhametini ruhuna akıtacak; el üstünde tutacak, başının tacı yapacak; gülümsemende yeniden doğacak, yüz hatlarının gerilmesinde kahrolup yok olacak diye düşündüm.

O elemanın seni dünyasının merkezine koyup, pervane gibi etrafında döneceğini sanıyordum. Bilemedim kristalin, elmasın hurdacının eline düşeceğini. Oysa onun benden bir adım önde olup seni kapması iyi bir antikacı olduğu kanısına vardırmıştı beni. Çok iyi bir sanatçı ruha sahip olduğunu düşünmüştüm. Değilse bile en paçoz şairlerin, ressamların bile o masum yüzünde dünyaca kabul görecek bir üne kavuşabileceği bir ilhama maruz kalıp inkişaf edeceğini sanmıştım. Çünkü doğal ve akıcı bir ilhamın kaynağısın sen. Yüzüne bir an temas edince; şiir dizeleri hiçbir çaba harcamadan kendiliğinden dizilir, ressamın fırçası kendiliğinden çizmeye başlar, tasarlanmamış bir hikâyenin bütün parçaları bir araya gelir.

O hurda ruhuyla, o hurdacı anlayışıyla, seni bu kadar üzebileceğini, yorabileceğini düşünemedim. En çok gül yüzüne güvenmiştim. Ona bir kere bakan bir daha temas edemezdi başka bir yüze. Başka varlık ve nesnelere karşı kör, sağır ve dilsiz olurdu. Sen yeterdin, bedeldin her şeye. Hiçbir boşluk bırakmazdın yaşamda. Doldururdun bütün eksiklikleri. Bilemedim, tahmin edemedim güzelim. Büyük bir yanılgıya kapıldığımı kabul ediyor ve kahroluyorum."

"Toprak, masal anlatır gibi anlatıyorsun beni. Kendimi büyülü bir peri gibi hissediyorum. Ruhumu okşuyorsun. Yazdıklarında da aynı tat var. Apayrı bir aleme taşıdı beni. Ayaklarım yerden kesilmiş, bulutların üzerinde geziniyorum dünden beri. Bu müthiş bir mutluluk. Çok şanslı hissediyorum kendimi. Bir tarafım da buruk ve kırgın. Erken gitmişim senden, sen ise geç kalmışsın bana. İşin içinden çıkamıyorum. Bunca yıl heba olmuş, gitmiş. İnan sevgin eritiyor beni okudukça, dinledikçe seni. Gayrı ihtiyari gözyaşlarım dökülüyor. Sevgi ancak bu kadar net ve dokunaklı ifade edilebilir. Hele gönderilmemiş mektuplardan bir tane vardı ki defalarca okuyup ağladım. Cümlelerin ok gibi saplandı yüreğime. Dilim dilim doğradı ruhumu. Sevginin yoğunluğu, samimiyeti, gönülden dökülmüş gerçekliği beni mest etti. Niye Toprak, niye geç kaldın bana? O akşam gelseydin ya haykırsaydın ya! Niye gelmedin Toprak, niye? Niye sırtlandın bu kadar yara bereyi de yıllar sonra da bana yükledin. Bulaştırdığın yara bereler amansız bir acı veriyor. Sen nasıl yaşayabildin, dayanabildin? Nasıl bir bünyen var? Nasıl olacak bu iş? Benim çocuklarım var. Ben onlara kıyamam ama bu sevgine de kayıtsız kalmam mümkün değil. Kayıtsız kalmam büyük bir saygısızlık olur. Peki ben bu ikilemden nasıl çıkacağım? Sesli düşünüyorum şu an; daha erken bir zaman diliminde çıksaydın karşıma, örneğin çocuklar daha küçükken çocukların bu durumu kabullenmeleri daha kolay olurdu. Şimdi biri dokuz, biri de yedi yaşında. Of of! Ne yapacağım ben?"

Sesi o kadar rahatlatıcıydı ki kesmek istemiyordum. şifası dağılıyordu her yanıma. El sürüp merhem oluyordu yüreğime. Sabahlara kadar konuşsun istiyordum. Kısa bir süre duraksadın, ara verdin sesli düşünmene. Sonra tekrar konuşmaya başladın:

"Çok etkilendim gerçekten hikâyenden ve yazdıklarından. Çekiyor beni sürekli derinlerine. Oysa seni hayal meyal hatırlıyorum, ama bu hikâyenin, yani senin hikâyenin ve dışavurumunun müthiş bir çekim gücü var. İçimdeki buz kütlesinin yavaş yavaş çözüldüğünü hissediyorum inanır mısın? Galiba alışıyorum sana, yüreğim dönüyor sana." dedin.

Yaşamım boyunca duymak isteyebileceğim en anlamlı cümleler kuruluyordu telefonun öteki ucunda. Başında galiba da olsa bana alıştığını, yüreğinin bana döndüğünü söylemiştin. Lütfetmiştin. Aralamıştın sonuna kadar, açılmasını ümit edip de bir türlü açılmayacağına kendimi inandırdığım o kapıyı. Bu cümleyi galibasız duymak için ömrümün sonuna kadar beklemeye razıydım. Allah acımış bana, yüzüme gülmüş, on beş yıllık bir çilemi seni telefonun öbür ucunda benle konuşturarak ödüllendirmişti. Bu ne büyük bir nimetti. Gözlerin dolmuş, sesin titremiş burnunu çekip duruyordun. Belli ki bir şeyler değişiyordu sende, bir şeyler kopuyordu yüreğinde. Şemalar yer değiştiriyordu duygu dünyanda. Bu değişimin sancısı sesine, nefes alış verişine yansıyordu. Benim için müthiş bir hazdı. Doyuma ulaşmıştım haz noktasında. Şükürler ediyordum için için Allah'a.

"Niye geciktik bu kadar Toprak, niye?"

"Senden bir ricam daha var Eylül."

"Söyle Toprak."

"Lütfen, niye kısırdöngüsünden kurtul. Ben senin yerine de kendi yerime de debelendim yıllarca o bataklıkta. Bana hiçbir faydası olmadı. Emin ol sana da olmayacak. Bunları şimdi düşünme. En son bir şey dedin. Galiba alışıyorum, yüreğim dönüyor sana mi dedin? Yoksa ben mi yanlış anladım seni?

"Aslında Toprak, bunu söylemek için çok erken, belki yadırgayabilirsin ama gerçekten çok etkilendim. Her şey üç dört gün içinde oldu. Çok hızlı gelişti her şey. İçimdeki birçok şeyi kontrol edemiyorum artık."

"Teşekkür ederim Eylül anlayışın için, bana kendimi anlatma fırsatı verdiğin için. İnan Eylül bu söylediklerini duyabilmek için on beş yıl daha beklemeye razıyım. Duyup, duyabileceğim en anlamlı cümleleri sarf ettin. Çok sağ ol gerçekten."

Ben yaşadığım hayat boyunca bana en anlamlı gelen bir çift sözde seraplara dalarken Leyla şiş gözlerle salona girmişti. Daha dinç görünüyordu. Ben anlamlı sözlerdeyken gözüme ilişen Leyla'ya:

"Nasıl oldun Leyla?" diye sordum.

"İyiyim, iyiyim çok şükür Toprak." Sen:

"Leyla uyandı mı?"

"Uyandı, Eylül."

"Telefonu versene."

Telefonu Leyla'ya verip dalıp gittim sana, kurduğumuz diyaloglara. Senle konuştuklarımızı sindirmeye çalışıyordum. Ne kadar konuştunuz ya da ne konuştunuz duymadım, duyamadım. Leyla'nın bana seslenmesiyle çıktım son konuştuklarımızın büyüsünden:

"Hey! Toprak burada mısın?"

"Evet evet buradayım. Sen nasılsın? Nasıl oldun?"

"Daha iyiyim."

"Açlık durumun nedir?"

"Kurt gibi açım."

"Peki ne yemek istersin?"

"Ya sen?"

"Bilmem ne olsa yerim ben. Öyle yemek ayırmam. Yemeği ben yapacağım ama..."

"Olmaz iyileştim, ben yapacağım."

"Bu akşam da yapayım, yarına artık rutin hayatına dönersin."

"O zaman beraber yapalım."

"Bu olur işte."

Beraberce yemek yapıp yedikten sonra Leyla ilaçlarını kullandı.

Uzun kış gecelerinin vazgeçilemez çay muhabbeti eşliğinde konudan konuya atlayıp derin bir Eylül muhabbetine daldık. Leyla uzun uzun anlatmıştı seni. Olumlu karakterinden, oldukça yüksek özgüveninden kısa kısa kesitler sunmuştu o gece. Leyla anlattıkça kahramanıma biçtiğim yapay kılıfın içine gerçek anlamıyla yerleşiyordun. Tam da düşündüğüm, hayal ettiğim gibi tanıtıyordu seni bana. Ben Leyla'nın anlattıklarını pür dikkat dinliyor, notlar tutuyordum kafamda. Tuttuğum notlar senle diyaloglarda lazım olacaktı bana.

Leyla gecenin ilerleyen saatlerinde kendini iyi hissedince kalsam mı gitsem mi ikileminden:

"Kendini nasıl hissediyorsun? Gideyim mi, kalayım mı?" sorularıyla çıkmıştım. Bir an önce eve gidip sana gömülmek, seni hayal etmek, senle iletişim kurmak istiyordum.

"İyiyim ben, yeterince yordum seni zaten. Gidip dinlen sen de. Bir sıkıntı olursa ararım seni."

"Tamam ara mutlaka kendini kötü hissedersen."

"Tabii ki ararım. Başka kimim var benim? Her şey için çok teşekkür ederim."

Leyla büyük bir minnet ve sevgiyle uğurladı beni. Kimsesizdi buralarda benim gibi. Ne sevgi ne de şefkat gösterecek birileri vardı etrafımızda. İkimiz de bunun bilincindeydik. Kenetlenecektik.

Akşam eve döndüğümde sana kavuşmanın üçüncü günü daha bitmemişti. Üçüncü günün akşamıydı ve ben seni bekliyordum. Gece uzundu daha. Sesinin tadına varmıştım, hep konuşmak istiyordum. Hep dinlemek istiyordum seni. Çalışma odamdaydım. Aramalı mıydım acaba? Arasam cevap verir miydin? Ne yapmalıydım? Evet beklemeliydim. Bekliyordum, bekliyordum ve yine bekliyordum. Neyse ki uzun sürmedi bekleyişimdeki sınavım. Karanlıklarıma ışık ulaştı. Sen aramıştın. Meleğim aramıştı. Kimsesizdim, kimsem olup aramıştın. O tiz sesin yankılanmıştı kulaklarımda.

"Leyla'yı aradım, eve döndüğünü söyledi. Yalnız olduğunu düşündüm. Bunca yılın yalnızlığı yeter deyip aramaya karar verdim."

"Ne iyi ettin Eylül. Ben seni arayacaktım sonra vazgeçip bekleme moduna girdim."

"Niye?"

"Rahatsız ederim diye çekindim."

"Ne rahatsızlığı Toprak... Rahatsız olmam da ama nasıl olacak, onu düşünüyorum kara kara."

"Onu düşünme Eylül. Hiçbir beklenti yüklemedim sana. Seni sıkıntıya sokacak hiçbir şey de yapmam. Rahat ol."

"Peki ne yapmak istiyorsun, amacın ne?" Gerilmiştin Eylül. Sesin yükselip alçalmıştı son cümlede.

"Eylül kuzum sakin ol lütfen. Şunu demek istiyorum. İlle de evlenelim, benim ol, beraber olalım, yaşayalım birlikte diye bir derdim yok. Arada bir sesini duyayım, arada bir biriken duygularımı aktarayım sana, yılda birkaç defa karşılıklı bir çay içelim, yüzünü göreyim yeter bana. Yetinirim onunla. Başka da bir isteğim yok. Lütfen sen de seni sıkıntıya sokacak şeyleri düşünme."

"Yani evlenmek, bana ulaşmak istemiyorsun öyle mi? Nasıl sevgi bu? Böyle bir sevgi olur mu?" O tiz sesin yeniden dalgalanmıştı. Öfkelenmiş ve şaşırmış hissediyordum seni.

"Bak Eylül, tabii ki bu dünyadaki en büyük arzum sana ulaşmak, seninle birlikte olmak ve en nihayetinde seninle yaşlanabilmek. Ama diyorum ki, bu durum seni sıkıntıya sokacaksa, seni üzecekse ben bu isteklerimin hepsinden feragat ederim. Sesine ulaşabileyim, yılda bir kez de olsa seni görebileyim yeter diyorum. Anlıyor musun beni?"

"Yani anlamadım tam olarak Toprak. Nasıl bir sevgi ki bu?"

"Ben yetinirim diyorum. Senden gelecek azıcık bir şeyle yetinir, avunurum. Ben tek başıma yaşıyorum. Kurulu bir düzenim yok. Yaşamımda büyük bir değişim olmayacak. Bütün düzenim sana yönelik. Değişecek bir şey yok. Hayalin yanı başımda yaşattığım silüetine gelip yerleşecek, kaldığımız yerden devam edeceğiz. Senin bir düzenin var. İki çocuğun. Düzeni değişecek olan sensin. Şimdi sana açık çek veriyorum. Sana olan sevgimi anladın biraz. Az buçuk hissettin, hissettiklerimi. Sınırları sen belirle diyorum. Nasıl istersen öyle yapalım. İstersen ayda bir arayayım seni, istersen iki ayda bir. Yılda bir defa görmeye de razıyım. Ya güzelim ben elimde bir tutam saçınla bir ömür beklerim seni. Sevgimi anladıysan huzurla beklerim seni, anlamadıysan buruk beklerim. Yani her halükarda beklerim seni. Sen nasıl huzurlu, mutlu olacaksan öyle beklerim seni. Kontrol tamamen sende, anlıyor musun?"

"Anladım sanki biraz. Sen böyle tamamen bana dönmüş, bana endekslenmiş bir yaşam vaat ediyorsun ya böyle, inan Toprak ne diyeceğimi bilemiyorum. Ne düşüneceğimi de. Şu bir gerçek ki bir şeyler oluşuyor bende. Zaten bu sevginin önünde durmak mümkün değil gibi. Kim olsa, teslim olur diye düşünüyorum. Ne kadar yabancı olsan da bana, uzak olsan da, birkaç günde gelişen bir olay olsa da anbean sana kaydığımı hissediyorum."

Hayallerimin çok ötesindeydim. Görebilme, sevgimi sana ulaştırabilmenin derdinden senin gönlüne yerleşebilme ihtimaline gelmiştim. Sende var olabilmenin serinliğini yaşıyordum.

"İşte bu harika bir şey... Senin gönlünde şekillenmeye başlamak, sende var olmak ikinci bir yaşam gibi.

Sanki ömrümü tükettim de yeniden yeşermeye başlayacağım sende."

"İkinci koliye başladım Toprak. Sistematik bir şekilde devam etmiş sevgin. Hatta gittikçe artmış duyguların yoğunluğu. İçine çekiyor beni. Dikkatli okuyorum. Her cümlesi bana yazılmış ne de olsa. İnceden inceye onarıyor ruhumu. Peki en çok neyi hayal ettin Toprak benimle?"

"En çok neyi hayal ettim biliyor musun? En çok bir ağacın altında, tenha bir köşede başımı dizlerine koyarken hayal ettim. Hiç kimse yoktu etrafımızda. Yapayalnızdık. Ben uzanmış başımı dizlerine koymuştum, sen saçımı okşuyordun. Gözlerimi yumup kalp gözüm açık seni temaşa ediyordum. Kokunu çekiyordum içime. Kokunu daha çok çekmek bütün hücrelerime ulaştırmak için hızlı hızlı nefes alıp veriyordum. Saatlerce oturuyorduk. Dizin uyuşunca ben ağacın köküne, sen göğsüme yaslanıyordun. Saçlarına burnumu gömüp derinlerime çekiyordum kokunu. Sen huzur içinde saçlarını okşamamdan zevk alıyordun. En çok bu sahneyi hayal ettim. Binlerce defa bu sahnede yaşadım ayrı zaman dilimlerinde."

"Güzelmiş hayalin Toprak. Nasip diyelim ona. Bir de bana çokça şiir okumuşsun gıyabımda. En çok da, "Ben!" şiirini okumuşsun. Okur musun bana bu şiiri bir kere daha?"

"Ama hiç hazır değilim Eylül."

"Ee yıllarca prova yapmışsın, hazırlanmış olman lazımdı. Hadi lütfen çok istiyorum senden dinlemeyi."

"Bak heyecanlandım şimdi."

"Olsun heyecanlan. Daha güzel olur. Heyecanlı halini de görmüş, duymuş oluruz. Fena mı?"

"Peki hazır mısın, dur nefesimi kontrol edeyim. Başlıyorum:

"BEN, kimsesiz seyyahı, meçhuller caddesinin...
BEN, yankısından kaçan çocuk kendi sesinin...
BEN, sırtında taşıyan işlenmedik günahı;
Allah'ın körebesi, cinlerin padişahı...
BEN, usanmaz bekçisi, yolcu inmez hanların;
BEN tükenmez ormanı, ısınmaz külhanların...
BEN, kutup yelkenlisi, buz tutmuş kayalarda;
Öksüzün altın bahtı, yıldızdan mahyalarda...
BEN, başı ağır gelmiş, boşlukta düşen fikir;
Benliğin dolabında, kör ve çilekeş beygir...
BEN Allah diyenlerin boyunlarında vebal;
BEN bugünküne mazi, yarinkine istikbal...
BEN, BEN, BEN; haritada deniz görmüş, boğulmuş;
Dokuz köyün sahibi, dokuz köyden kovulmuş...
Hep BEN, ayna ve hayal, hep BEN, pervane ve mum;
Ölü ve Münker-Nekir, başdönmesi uçurum...

"Enfes okudun gerçekten. Hadi bir de Desem ki şiirini oku."

"Okurum Eylül. Açıldım artık. Yıllarca okudum şiirlerimi senin yokluğunda, sana. Şimdi sen telefonun diğer ucundasın. Sana biriktirdiğim, ulaştıramadığım, ulaştırıp seslendiremediğim ne kadar duygum varsa aktarmak istiyorum. Hazır mısın?" "Evet." demiştin. Gerçekten açılmış ve rahatlamıştım. En iyi okuduğum tonda okumuştum, yavaş yavaş. Hissettiklerimi hisset istiyordum. İliklerine işlesin, ben sende nasıl yol aldıysam sen de bende kaybol istiyordum.

"Beklentim doğrultusunda amacına ulaşmış şiir de bittikten sonra sen:

"Toprak böyle masal tadında konuşuyorsun ya, seni görmeyi çok istiyorum. Beni bu kadar seveni, sevip yücelteni, yüceltip perileştireni görmek istiyorum."

Duygularının bana aktığını fark edince üzerimde birikmiş ne kadar kir, pas, tortu varsa alıp götürüyordun. Küllenmiş, sönmeye yüz tutmuş duygularımı harlıyordun. Yanıyordum büyük bir ateşin içinde. Üfürdükçe yüreğimdeki stabil duygularım ivme kazanıyordu. Duygularımın üzerinden bir kez daha geçiyordun. Bana yöneldikçe duygularını arşınlıyordum mesafelerin üzerinden. Ruhum kendinden geçmiş bir o yana bir bu yana savruluyordu. Bugünleri de görmüş, bugünlere de çıkmıştım nihayet.

İlk defa o gece beni görme isteğinden bahsetmiştin. Benimle oturup karşılıklı çay içmek istemiştin. "Dilinden dinlemek istiyorum kendimi." diyordun. Ah Eylül, sana anlatacak o kadar çok şey var ki. Biriktirdiğim, saatlerce masal tadında anlatacağım duygu bombardımanlarım var. Hem de bıkmadan usanmadan. Bendeki sen, sınırlarımı aşmış durumda. Ruhani bir varlık gibi hüküm sürdün bende. Her seferinde elimde, gönlümden kopanlardan oluşturduğum deste deste gül kıvamındaki bedellerini ödediğim sendeki tecrübelerimi, getirip getirip geri döndüm senden. Her pencereni tıklattığımda, her pencerene gelip içeriye davet edilmeyi beklediğim yolculuklarımda, yolculuklardan çıkıp amansız bir sefere dönüşmüş gelişlerimde, küçük küçük ümit adalarını kaybetmiş olarak buldum kendimi yıllarca. Kim vurduya gidiyor gibi yaşıyordum ömrümü. Anlamsız, çelimsiz bir duruşum vardı. Sen yoktun ya ben hiç olmamış, olmayacak gibiydim.

O gece seninle konuştuktan sonra yorgunluğumun bittiğini, beynimdeki onlarca ahtapotun pılısını pırtısını toplayıp gitmesi gibi rahatlayıp, sadeleştim. Hele seni görmek istiyorum dediğinde bütün kaygılarımı, korkularımı süpürüp attım uzaklara. Rahat bir uyku çekmiştim yıllar sonra.

Sabah uyandığımda ilk işim telefonu elime almak olmuştu. Kısa bir mesaj içinde uzun bir pasaj yazmıştın bana hatırlıyor musun: "Toprak, gece senle o rüyadan bu rüyaya atlayıp durdum. O bahçe senin, bu bahçe benim gezdirdin beni. Artık eski ben değilim. Değişiyorum, dönüşüyorum, sana dönüşüyorum. Düşüncelerim senin ağlarına takıldı. Ağının dışına çıkamıyorum. Neredeydin bugüne kadar? Niye bu kadar beklettin, bekledin? Yazık etmedin mi bu devasa sevgiye? Seni ısrarla görmek istiyorum. Canlı kanlı görmek istiyorum. Ne olur bir çözüm bul. Ya da çözüme hiç gerek yok. Atla gel hemen. Lütfen çok göresim geldi."

Mesajın içinde kalıcı bir serinlik armağan etmiştin bana. Fark etmiş, cevap vermiştin bana. Karşılık bulmuştum. Seninle bütünleşiyordum. Bırakmayacaktım seni. Bu kez kaybetmeyecektim seni. Ne pahasına olursa olsun. Mesajın ferahlığı içerisinde duygularım sel gibi mesaja akmıştı:

"Eylülüm, Meleğim,

Sesini duyabilme hayali kurarken, beni görme isteğinden bahsediyorsun. Bu benim için ne büyük nimet. Ben gölgene bile razıyken, sen cismaniyetine davet ediyorsun. Selamına razıyken, yüreğini sunuyorsun bana. Geleceğim güzel kız. Hem de koşa koşa. Ama ne olur biraz zaman tanı bana ki sana olan sevgimin derinliğini, beni kuşatmışlığını aktarabileyim sana. Aktarabileyim ki senden hiçbir beklentimin olmadığını, seni sen olduğun için sevdiğimi hissettirebileyim."

"Ben hemen istiyorum Toprak! Seni görmeyi, dokunmayı; beni bu kadar seven insanın karşımda oturmasını, oturup beni anlatmasını, beni hayalinde yaşatan o gözlerde, o gözlerden akan sevgide kaybolmak istiyorum. Ne olursun acele et. Merakım sevgimin önüne geçti. Lütfen!"

"Geleceğim, ömrümü ömrüne adadığım güzel!"

"Bekliyorum..."

"Geleceğim güzelim en kısa sürede."

Mesajların mayhoşluğu içerisinde, ömrümün en rahat soluklarını alıp verirken, Leyla aradı. Kahvaltı yapıp yapmadığımı sordu. Daha yatakta uyku modunda olduğumu söyleyince, dışarıda tereyağlı çorba ısmarlamak istediğini söyledi. Bu iyi bir fikirdi. Hemen kabul ettim teklifini.

Yarım saat sonra Leyla'yı kapısından aldım. Bir önceki günkü soğuktan eser kalmamıştı. Güneş çıkmış, hava ısınmıştı. Yerlerde buz mu yoksa su mu olacağını kestiremeyen kararsız bir karışım vardı. Kaldırımda bata çıka yürüyorduk. Yolda dikkatimizi buzlara verdiğimiz için pek konuşamadık. Yola konsantre olmuştuk. Pür dikkat yürüyorduk. Yolun sonundaki çorbacıya varınca derin bir nefes aldık. Leyla kendine gelmişti tam anlamıyla. Yüzüne kan gelmiş, ela gözleri ışıl ışıldı. Biraz zayıflamış ama yine de dinç görünüyordu. Gelen çorbamıza limon sıkarken:

"Eylül'den ne haberler vardır, kutsal âşık?" takılıyordu Leyla bana.

"Güzel haberler vardır." Çok mutluydum ve de oldukça da rahattım.

"Aradı mı?"

"Evet akşam görüştük, sabah da mesajlaştık."

"Ne durumda Eylül? Yani tepkileri ne durumda?"

"Tepkileri oldukça olumlu. Duygularım şu an kuşatmış durumda onu."

"Bu sevginin yakıcılığı karşısında kimse duramazdı zaten. Kurtuluşu yoktu Eylül'ün. Keşke daha önce ulaşabilseydin."

"Ama bir sevdiği vardı ve evlendi onunla. Mutlu olduğunu düşünüyordum."

"Olsun denemeliydin. Seni bir kez de olsa dinlemesini sağlayabilseydin her şeyden, herkesten vazgeçebilirdi. Öyle anlamlı bir sevgiyle yüklenmişsin ki, öyle güzel ifade ediyorsun ki, karşıdaki insan sana sıfır noktasında olsa bile sana mutlaka kulaç atar. En azından gelip masal tadındaki duygularını dinler, seni dinlerken oluşturduğun büyülü dünyanın tek hükümranı sanır kendisini. Bir anda sağa sola emirler yağdıracak kadar rolüne kaptırır. Büyülü bir dünya, büyülü bir sevgi vaat ediyorsun. O kadar eminsin ki sevginden, düşüncelerinden zerre tereddüt bırakmıyorsun karşıda. Hiçbir endişeye kapılmadan en ürkek kuşlar bile gelip konar, talip olur yüreğine. Huzur veriyorsun çevrendekilere. Eylül'ün yüksek bir akımla sana kapılmamasının mümkünâtı yok. Yok böyle bir dünya. Sen rahat ol. O koşa koşa gelecektir sana."

Sesi ürkekti Leyla'nın, kesik kesik konuşuyordu. Birkaç defa öksürdü bunları söylerken. Ben Leyla'nın söylediklerine o kadar seviniyordum ki bu durumu görmezden gelip devam ettim muhabbetin senle olan en güzel bölümüne:

"Abartıyorsun Leyla! Benim gibi cesaret yoksunu, uyuşuğu ne yapsın. Yıllardır görülmemiş, fark edilmemiş, görmezden gelinmiş ezik duygularımı Eylül ne yapsın. Ne özgüvenden bahsediyorsun."

"Sen kendinin farkında değilsin. Yaydığın pozitif enerjiden, samimiyetten habersizsin. Gölgende huzur dağıtıyorsun. Uyan artık şu uykudan. Kendine gel. Böyle bir sevgiyle sevilmek için her şeyini verecek nice insan vardır."

"Bak Leyla şimdi kendimi bir şey sanacağım. Yürüyüşüm, konuşmam değişecek. Yazık olacak bana. Harcayacaksın beni."

"Sen kendini hep Eylül'e saklamışsın. Kimseye açmamışsın. Karşındakiler seni bilip tanımadığı için farklı bir yankı almamışsın. Yani Toprak, sen kendini tanımamışsın. Kendini tanıdığında bakışın, duruşun her şeyin değişecek. İnşallah geç kalmazsın."

"Hım şimdi tamamlandım. Kimse tutamaz beni." Gülümsemiştim ve Leyla'nın beni motive etmesi mutlu etmişti beni.

"Bir şey daha söyleyeceğim. Eylül yüz yüze görüşmek istiyor. Karşılıklı bir çay içmek istiyor. Ne dersin?" Biraz düşündükten sonra Leyla:

"Git Toprak, bir görüş. Yüreğini soğut. Yıllardır beklemiyor musun bu anı?"

"Tabii ki bekliyorum ama sevgimi tam olarak anlamasını bekliyorum. Tam inansın, anlasın istiyorum. Sindirebilsin biraz."

"Saçmalama Toprak. Öyle uzaktan uzağa sevgi mi anlaşılırmış? Şimdi tam saçmaladın işte."

"Bak sen de anlamamışsın Eylül'e olan sevgimi. Kız sindirsin istiyorum. Dengelesin biraz. Ne olup bittiğinin farkına varsın."

"Kusura bakma Toprak. Herkes de senin gibi sabırlı değil. İnsan görmek ister, duymak ister. İnsanoğlu peşinatçıdır. Cennet peşin olmadığı için, onun için çalışmayı bile bırakır. İbadetlerini erteler, günahlara dalar, tövbesinde gecikir. Bu insanın fıtratında var. Kız sıcağı sıcağına görmek istiyor. Niye zorluyorsun şansını?" Çorbamız bitmiş, çayımız gelmişti. Çayını karıştırırken devam etti:

"Seni anlamakta zorluk çekiyorum. Sen yıllarca bekle, dur. Kız seninle görüşmek istesin, sen de gelip burada saçmala, olacak iş mi?"

"Saçmalıyor muyum gerçekten?" dedim. Çayından küçük bir yudum alan Leyla:

"Tabii ki Toprak... Neyin varsa topla git. Artık kendinle hangi güçlü duygularını götüreceksen götür."

"Doğru. Duygularımdan başka götürecek hiçbir şeyim yok. Hayallerimden öte bir şey yok. Bak şimdiden çok heyecanlandım."

"Yüzün niye kızardı anlamadım."

"Çok heyecanlandım Leyla. Sen de halden hiç anlamıyorsun. Beni rahatlatacağına daha beter heyecanlandırıyorsun."

"Git yüzleş heyecanınla. Yüzleş Eylül'le. Bak daha çok rahatlayacaksın. Ulaşılamaz gördüğün şeylerin ulaşılabilir olduğunu gördüğünde çok da zor, ulaşılamaz olmadığını tecrübe edeceksin. Büyütme gözünde. Birçok hayal kırıklığı yaşayabilirsin."

"Nasıl bir hayal kırıklığı olabilir ki?"

"Sen onu insanüstü bir varlık olarak görüyorsun. O da bizim gibi etten ve kemikten. Nurdan veya ateşten yaratılmamış yani. Uyuyor, kalkıyor, saçmalıyor, hata yapıyor, tuvalete gidiyor, burnunu karıştırıyor, kimse yanında yokken esneyip ağzının içi görülebiliyor. O da zayıf bir nefese muhtaç, Toprak. Abartma diyorum. Rahat ol."

"Sen hiç anlamayacaksın sevgimi. Ben onu düşününce mutlu oluyorum. Onu görürsem eğer mest olurum. Bırak yanımda olmasını, onun var olması bile ekstra güç katıyor bana. Onu görünce, ona ulaşınca ne kadar pozitif yükleneceğimi kestiremiyorum. Evet o da herkes gibi eksik, gedik, ihtiyaçları olan, yapabilecekleri sınırlı olan bir varlık. Ben onun yapabildikleri ya da yapamadıklarına odaklanmıyorum. Onun var olmasına, bulunmasına, yer kürede yaşamasına odaklanmışım. O Eylül olduğu için seviyorum. Onu eksiği ya da fazlası olduğu için değil, sadece o olduğu için seviyorum. Var olması, varlığının beni muhatap almasıyla ilgiliyim ben. Benim tek derdim bu. Anlıyor musun beni? Anlamadın değil mi?"

"Tam olarak değil doğrusu."

"Ben de tam olarak anlatamıyorum. Sağından solundan girmeye çalışıyorum ama bir türlü özünü yakalayıp aktaramıyorum."

Leyla'nın yüzü beni anlayamadığını ele veriyordu. Gözlerini kaçırıyordu benden. Belki de gerçekten anlamaya çalışıyordu. Biten çayımızdan sonra:

"Beni eve bırakır mısın? Kendimi iyi hissetmiyorum." Bir iki defa öksürmüştü yine muhabbet arasında.

"Tabii ki bırakırım. İyi değil misin?"

"Biraz kötü hissediyorum kendimi. Gideyim biraz dinleneyim. Yarın okul var malum."

"Ben biraz daha vakit geçiririz diye düşünmüştüm."

"Başka zaman Toprak. Ben biraz dinleneyim. Daha tam iyileşemedim. Şimdi yine nüksetmesin rahatsızlığım. Bünyem çok zayıf benim. Kendimi iyi hissedersem akşam uğrarım sana."

"Peki sen bilirsin Leyla."

Leyla'yı eve bıraktım. Geçirdiği verem hastalığını düşününce hak vermedim değil. Dinlenmesi daha iyi olurdu. Kızdım kendime. Niye dinlenmesi için uyarılarda bulunmuyorum diye.

***

Eve gelip çay koydum. Mutfağın penceresinden karlı dağları izlemeye koyuldum. Beynim tamamen senle meşguldü. İçimden bir ses, ara, sesini duy diyordu. Diğer evhamlı tarafım ise senin aramanı beklememi dayatıyordu bana. Gel gitler yaşarken sana mesaj attığımı fark ettim. İstemsiz bir davranıştı:

"Müsaitsen arayayım." demiştim aniden. Mutfağın penceresinden dışarıyı izlemeye devam ediyordum. Mesajıma cevap vermemiştin. Çayımı demlediğimde de yanıt gelmemişti senden. Çayımı yudumlamaya başladığımda da sensizliğe gömülü haldeydim. Her yer pazar sessizliğindeydi. Güneş sıcaklığını daha belirgin hissettirmeye başlamıştı. Beynimde sana gelme senaryoları dönüyordu. Hangi gün idealdi. Hangi gün yola çıkmalıydım. Seni ilk gördüğümde ne tepki verecektim. Ruh halim ne olacaktı. Aklımda sorular, soruları izliyordu, bir ters bir düz giden trenin vagonları gibi. Çayımı içmeye başladığımda sen aradın. Telefonun öteki ucunda sen vardın:

"Ancak müsait oldum kusura bakma." dedin.

"Önemli değil Eylül. Ben alışkınım beklemeye." Gülmüştün:

"Evet antrenmanlısın. Ne zaman geliyorsun?"

"Salı ya da çarşambaya düşünüyorum."

"Salı olsun o zaman Toprak."

"Salı da olur. Ona göre hazırlığımı yaparım. Salı benim için büyük gün. İyi hazırlanmam lazım." Sen de sevinmiş, mutlu olmuş ve sevincini dile getiriyordun. Ne de rahatlatmıştın beni. Ne de iyi geliyordun yalnızlığıma. Emin olmaya başlamıştım beni sevdiğinden. Bir başka hissediyordum kendimi. Saçı okşanmış, davranışı takdirle ödüllendirilmiş bir çocuk gibiydim. Farklı gibiydim diğer insanlardan. Ayrışmış, farklı bir konumda farklı bir boyutta sürdürüyordum yaşamımı. Bütün insanlığa küsebilir, on cephede psikolojik bir savaş verebilirdim. Yeter ki sen bana dönük ol, sen beni kabullen. Yeter ki sesinle, duygularınla yanımda ol. Yeter ki o yıllardır beklettiğin pencereni aç bana. Tek derdim, duam, kaygım sendin. Uzun uzun konuşuyorduk seninle. Muhabbet muhabbeti açıyordu. Sen özeline giriyor annenin, babanın vefat ettiğinden bahsediyor, bense özelimi, seni, sana anlatıyordum. Benim tek özelim sendin. Gönlüne yürüyordum. Sen gönlümde uyanıyordun kış uykusundan. Senle beraber ben uyanıyordum en bitkisel yaşamdan. Kâbus gibi geçen yıllara dönüp: "Değdi" diyordum. Bir ara Leyla: "Değdi mi?"

diye sormuştu, seni bunca yıl beklemeye. "Evet" demiştim o zaman daha sen yokken. Şimdi sorsa aynı soruya: "Hem de ne değdi." derim. Senle konuşurken evin içinde kaç tur döndüm, kaç tur yatakta yer değiştirdim bilmiyorum. Her güzel şeyin bir sonu vardı. Sen, çocuklarla ilgileneceğim deyip telefonu kapatacağın sırada yüreğimin en hassas yerine bir kere daha dokundun:

"Heyecanla bekliyorum seni." dedin. Dokunmuş, şeker şerbet ikram etmiştin ruhuma. Bu konuşmamız sıkıntısız olarak son konuşmamız olacaktı. Bunu bilmeyerek gafil gafil salona geçtim. Televizyonun karşısında uyudum akşama kadar. Uyandığımda karanlık, şehre çökmüştü. Kalkıp ışıkları yakıp mutfağa geçtim. O arada telefona baktım. Senden ses seda yoktu. Tam beş saat uyumuştum. Mutfakta bir şeyler hazırladım yemek için. Çay eşliğinde öğrencilik yıllarımı tazeledim. Son çayımı yudumlarken mesaj attım:

"Müsaitsen görüşelim." diye. Çayım bitti mesajıma cevap gelmedi. Son çayımın üzerinden bir saat sonra da cevap gelmeyince biraz kaygılanmaya başladım. İki saat geçtiğinde artık tedirgin bir insan konumundaydım. Vakit gece yarısını geçip diğer günden borçlanmaya başlayınca, kendimi derin bir korku ve endişenin içinde buldum. Bir mesaj daha attım. Yine ses yoktu senden. Aradım en son, telefonumu meşgule aldın. O an bir şeylerin ters gitmeye başladığından emin oldum. Yanlış gidiyordu bir şeyler. Leyla'yı aradım sana ulaşması için. Leyla bir müddet sonra döndüğünde onun telefonunu da meşgule attığını söyleyince soğuk terler dökmeye başlamıştım.

Evin içini arşınlıyordum. Niye, neden, nasıl soruları beni bunaltmış durumdaydı. Olabilecek bütün soru işaretleri beynime hücum ediyordu. Seni yeniden mi kaybetmiştim? Kayıp gitmiş miydin avuçlarımın arasından. Saat gece ikiyi vurduğunda ben kafamdaki soru işaretleriyle dönüp duruyordum evin içinde. Kısılmıştım kapana. Elimden hiçbir şey gelmiyordu. Ne yapacağımı da bilmiyordum. Bir ara kalkıp yaşadığın şehre bile gelmeyi düşündüm. Gece iki buçukta telefonumun ekranına mesaj simgesi düştü kendine has sesiyle. Acele açtım mesajı: "Artık benim için gerçekten değerli ve kıymetli bir insansın. Ne seni ne kendimi ne de masum çocuklarımı üzmek istemiyorum. Özellikle çocuklarıma kıyamam. Bugüne kadar onlara yoğun emek verdim. Sabahtan beri düşünüp duruyorum. Ben yanlış bir yoldayım. Yanlış şeyler yapıyorum. Ben bir anneyim. Kutsal görevlerim ve hayati sorumluluklarım var. On beş yıl önce o sahnede çıkıp gelseydin her şey çok farklı olacaktı. Hayatımızın yönü farklı olurdu. Ama Toprak bugün bunlar için artık çok geç. Ne olur anla beni. Evet büyüne kapıldım. Sevgin büyüleyici. Fakat gerçekler de karşımda duruyor. Ne olur anla beni. Sen de beni düşünme, bekleme beni. Kendine bir hayat arkadaşı bul. Sağına soluna bak, yeni bir yaşama yoğunlaş. Yaşamına kaldığın yerden devam et. Çok samimi olarak ifade edeyim ki bunca yılına sebep olduğum için çok üzgünüm. Sen mutlu olmayı çok hak ediyorsun. Ben sana mutluluk veremem. Lütfen beni yaşamının merkezinden çıkarıp yepyeni bir yaşama konsantre ol. Hoşça kal." Kan beynime sıçramış, her yerimi ateş basmıştı. Her şey o kadar güzel gidiyorken bu da nerden çıkmıştı. Sabahki o mutlu tablodan eser kalmamıştı. Hemen toparlayıp mesaj yazdım:

"Eylül'üm, bana bunu niye yapıyorsun? Mutlu olsaydım, olurdum zaten bugüne kadar. Denemedim mi sanıyorsun? Gönlümün kapıları düğümlenmiş, kilitli.

Ne olur yapma bana bunu. Ben bu davranışını hak etmiyorum. Tam bulmuşken kaybetmek istemiyorum."

"Ey sevgili! Sabahtan beri ağlamaktan helak oldum. Yoruldum ağlamaktan. Evet seni çok sevdim, çok beğendim duygularını. Ayaklarımı yerden kestin. Büyülü bir atmosferde yaşıyorum birkaç gündür. Sen harika bir insansın. Temiz duygularını yıllarca koruyabilmişsin. Öte taraftan benim iki çocuğum var. Seninle her görüştüğümde onlara ihanet ettiğimi düşünüyorum. Çıkamıyorum işin içinden. İkimiz için de en iyisi bu. Ne olur mutlu olmaya çalış."

"Güzel kız! Benim senden bir beklentim yok ki! Evlenelim demiyorum ki. Benim olmanı istemiyorum ki. Arada bir sesini duyayım yeter bana. Ne olur Eylül beni burada bu kaosun içinde bırakma. Ben bunları hak etmiyorum."

"Ben söyleyeceğimi söyledim Toprak. Ne olur sen de kabullen. Başka da bir çıkışım yok. Hoşgörüne sığınıyorum." Geri adım atmıyordun. Oldukça kararlıydın. Şansımı aramakla kullandım. Telefonun çalmaya başladı. Uzun uzun çaldıktan sonra açtın telefonu. Sesin mesajlarından daha sertti. Patır patır söyledin yazdıklarını. Üzerinden bir kere daha kalınca geçtin. Bir şeyler konuşmama fırsat bile vermedin. Söyleyeceklerimi boğazıma dizdin. Eylül sen her zaman mı bu kadar serttin? Niye bu kadar kötü davranıyordun bana? Ben düşmanın, hasmın değilim. Ben seni seven hatta iddia ediyorum bu dünyada annen ve baban olmadığına göre en çok seven insanım. Bana niye böyle davranıyorsun? En son şu cümleyi kurduğumu hatırlıyorum:

"Eylül, Eylül'üm sen kiminle konuştuğunu sanıyorsun? Beni birileriyle karıştırdın herhalde. Benim, ben. Toprak. Seni bunca yıl seven ve bekleyen Toprak."

En son ağlıyordun onu hatırlıyorum telefonu yüzüme kapatmadan önce. Sen telefonu yüzüme kapatınca son cümleyi kendi kendime tekrarladım defalarca: "Benim, ben. Toprak. Seni seven ve bekleyen Toprak." dakikalarca tekrarlayıp durdum kendi kendime benim için en zor ve acı cümleyi.

***

Haksız da değildim. Ben yabancı, sıradan biri değildim senin için. Beni başka biriyle karıştırmış olmalıydın. Yoksa bana böyle davranır mıydın? Tekrar aradım. Telefonum meşgule düştü. Bir daha aradım yine meşgule düştü. Ve son aramamda duvarlar ördün aramıza. Engellemiştin beni. Mesaj atmaya çalıştım. Mesajlarımı da engellemiştin. Süpürüp süpürüp bir noktaya toplamış, üstüme kapıları kapatmıştın. Bütün çıkışları yok etmiştin. Debelenecektim orada. Elimde telefonum sabaha kadar bekledim put gibi belki pişman olup beni birileriyle karıştırdığını anlayıp geri dönersin diye. Beyhude beklemiştim. Dönmeyecektin. Duyarsızlaşmış, gözüm tavanda donuklaşmıştım. Sindiremiyordum, dengeleyemiyordum. Ne yapmıştım da kaçırtıp ürkütmüştüm seni. Daha sabah her şey yolundaydı. Israrla gel gel diyordun. Ne oldu sana? Nerede yanlış yapmıştım? Düzensiz ve tutarsız bir şekilde düşünüyordum. Parçaları bir araya getirmeye çalışıp duruyordum. Parçaları değiştirip değiştirip yeniden bütüne ulaşıyordum. Fakat mantıklı hiçbir sonuca çıkamıyordum. Çıldırmak üzereydim. O tarafa bu tarafa dönüp duruyor, döndüğüm her yerde aynı sorunun içinde buluyordum kendimi. Zaman donmuş ya da benden bağımsız akıp gidiyordu. Bana getirdiği ile benden götürdüğü aynı şeydi:

"Neden?"

Şafak sökerken beklemekten, soru yağmuruna tutulmaktan yorulan ruhum istemsiz bir uykuya daldı. Rüyamda kabuslarla uğraşıp durdum. Kabuslarla boğuşurken, melek silüetinle çıkıp geldin. Öpücük kondurdun alnıma. "Hoşça kal." dedin. O rüya içinde başka bir rüya gördüm. Bu rüyamda da sırtın bana dönüktü. Benden uzaklaşıyordun. Konuşuyordum, duymuyordun. Bağırıyordum ulaştıramıyordum sesimi. Koşa koşa önüne geçiyordum. Durmuyordun, görmüyordun beni. İçimden geçip gidiyordun. Durduramıyordum seni. Yüzün oldukça mattı. Kilitlemiştin kendini. Pür dikkat yüzünün dönük olduğu taraftaki bir noktaya odaklanmıştın. Oraya bakıyordun. Sanki ruhen ordaydın. Bakmıyordun bana, konuşmuyordun, yüz hatların çok gergindi. Koyu kahve gözlerin en kararlı bakışını takınmıştı. Durdun bir an bir şey unutmuş gibi. Döneceğini sandım. Dudakların aralandı bir şey söyleyecek gibi. Zil sesi gibi bir ses duyuyordum bir yerlerden ama ben sana kilitlenmiştim. Bu zil sesi de neydi. Bu vahada zil sesi de neyin nesiydi. Sen daha konuşmaya başlamamıştın. Dudakların aralıklıydı. Ne bir şeyler söylüyor ne de kapatıyordun dudaklarını. O zil sesi kulağımı tırmalamaya devam ediyordu. Ben sana odaklanmıştım. Sen aralıklı dudaklarında:

"Toprak, Toprak!" diye seslendin bana. Bir taraftan bedenimi sallıyordun. "Toprak, Toprak!" diye dürtüyordun beni. Rüyadan çıkıp uyandığımda giden sendin, evet bu doğruydu. Rüya değil gerçekti. Giden sendin. Kopup gidişin, beni benimle baş başa bırakışın gerçekti. Toprak diye bağıran beni dürten ise Leyla'ydı. Yanında da çilingirci vardı. O anlamsız zil sesi de kapı ziliymiş. Gözlerimi açtığımda rüyamla gerçeği anlamaya birbirinden ayırmaya çalışıyordum şiş gözlerle.

"Oh çok şükür iyisin. Ne kadar korktum anlatamam. Nasıl bir uyku bu böyle Toprak! Sana bir şeyler oldu sandım ve çok korktum." Ben olayı anlamaya çalışırken Leyla çilingirciye para verip gönderdi. Donmuştum. Donuktum. Konuşacak halim yoktu. Yatağa geri uzandım. Leyla yanı başıma oturmuş, telefonlarına cevap vermediğimi, yarım saat kapıda zili çaldığını kapıyı yumrukladığını, son çare gidip çilingirci getirttiğini anlatıyordu. Daha ne kadar şey anlattı bilmiyorum. Hayal meyal hatırladıklarım bunlardı. Zorla yataktan kaldırdı beni. Lavaboda yüzümü yıkamama yardım etti. Aynadaki görüntümden ben bile ürktüm. Yüzümü kuruttuktan sonra salona götürdü beni.

"Ne oldu Toprak? Hasta mısın? Eylül'le ilgili bir sorun mu var?" Gözlerimi ela gözlerine dikip:

"Gitti Eylül, yok artık o." deyip sarıldım Leyla'ya. Leyla ağladı, ben ağladım. Hıçkırıklarımız birbirine karışmıştı. Ne kadar devam etti bu halimiz hatırlamıyorum ama çok uzun sürdüğünü, akıtacak bir damla gözyaşımız kalmadığından biliyorum. Kurumuştu göz pınarlarım. Kanepede Leyla'ya yaslandım. Okşadı saçlarımı. Tek kelime konuşmuyorduk. Leyla elimden tutup zorla mutfağa götürdü bir şeyler yedirmek için. Tek bir lokma yiyecek ne iştahım, ne takatim vardı. Açlık diye bir hissiyatım yok olmuştu. Leyla o gece hiç ayrılmadı yanımdan. Kaç kez konuşturmaya çalıştıysa da ben konuşmayınca o da sonunda pes etti. Konuşmanın bir anlamı yoktu. Mat gözlerle harabeye dönüşüme şahitlik ediyordum. Sabaha doğru ikimizde dalmıştık uykuya. Her şey kontrolden çıkmıştı. Nedenler, niçinler beynimin bir köşesinden diğerine uzun uzun yolculuklar yapıyordu. Başıboş serseriler gibi dolanıyordu sebeplerim. Ne onları durduracak bir cevabım ne de eğitebilecek bir mekânım vardı.

Leyla sabah zorla birkaç kaşık çorba, bir iki lokma ekmek yedirdi bana. Çay rica ettim Leyla'dan. Sigara yaktım çayı beklerken. Leyla bir taraftan konuşturmaya çalışıyordu beni.

"Anlatmak ister misin Toprak ne olup bittiğini?"

"Neyi anlatacağımı bilmiyorum ki çünkü ne olduğunu bilmiyorum. Sanki güneş tutulması oldu da bir anda her yer karanlığa gömüldü gibi."

"İstersen en son konuştuklarınızdan başlayabilirsin. Ne dedi en son?"

"Dün sabah görüşmüştük çorbacıdan çıktıktan sonra. Her şey olağandı. Olumsuz hiçbir şey yoktu. Salı günü gitmemi kararlaştırdık. Seni heyecanla bekliyorum, görmek istiyorum dedi."

"Ne oldu peki sonra?"

"Telefonu kapatıp televizyonun karşısında uyudum akşama kadar. Akşam uyandıktan sonra gece yarısına kadar iletişim kurmaya çalıştım. Gece yarısından sonra mesaj attı. Çocuklarım var yapamam, yapamıyorum, dedi. Gün boyunca ağlayıp bu ikilemden çıkmaya çalıştığını söyledi. Çocuklarına bu kötülüğü yapamazmış. Ne yaptımsa, ne kadar yalvardıysam da kararından vazgeçiremedim. Telefonla aradım. Telefondaki sesi daha net ve kırıcıydı. En üst perdeden olamayacağını haykırıyordu. En son kapattı telefonu yüzüme. Aradım birkaç kez açmadı. En son aramamda beni engellediğini fark ettim. Mesaj atmayı denedim onda da engellemişti beni. Engelledi anlıyor musun Leyla? Beni engelledi. Eylül engelledi beni. Ne yaptım ben Eylül'e? Ne rahatsızlık verdim? Dün geceden beri düşünüyorum nerede yanlış yaptım ben, diye." Leyla'nın gözlerinde karamsarlık vardı, hüzün vardı, endişe vardı, korku vardı. Ya da benim gözlerimde vardı da onu öyle görüyordum. Yok yok ben negatif yüklüydüm de Leyla'yı öyle görüyordum.

"Toprak, metin ol. Çocuklarını düşünmüştür en basit mantıkla."

"Ben bir şey istemedim ki! Açık çek verdim. İlişkimizin sınırlarını sen belirle, nasıl bir ilişki istiyorsan öyle olsun, dedim. Bundan ötesi var mı Leyla? Daha nasıl bir güvence verebilirim ki?"

"Belki de öyle bir ilişkiyi sürdürmek istemedi. Adlandıramadığı ilişkiyi yaşamak istemedi."

"Dün akşamdan beri, pardon zamanı da unuttum, iki gece oldu değil mi?"

"Evet iki gecedir."

"Tamam, o geceden beri iki şeyi düşünüyor ve anlamaya çalışıyorum. Birincisi, gündüz ısrarla beni görmek istiyordu. Gel diyordu. Çarşamba gitmek niyetindeydim. Salı orda olmamı ısrarla istedi. Bu kadar bana dönmüşken ne oldu da her şeyi bir anda koparıp attı. İkincisi, beni kırmadan, dökmeden gönlümü alarak yapamaz mıydı? Bu kadar da mı hakkım yoktu? Ben anlardım ki onu. Tane tane anlatsaydı yalan da olsa beni sevdiğini söyleseydi ama görüşmek istemediğini vurgulasaydı ben onu rahatsız mı edecektim. Bir sapık, bir cani muamelesi yaptı bana. Her yerden engelledi beni. Hak ettim mi bu hakaretleri Leyla Allah aşkına?"

"Birinci sorunun cevabının sorunun içinde olduğunu düşünüyorum. Çocuklarına anlatmak bu durumu, onlara benimsetmek çok zorlu bir süreç olacaktı. Çalı-nan maya tutmayabilirdi. Çocukları da artık büyük. Çocukların beyinlerindeki aile şeması yeniden şekillenecekti. Bu sancılı olur bilirsin. Eylül bunu göze alamadı.

Gün boyu ağlamış ki, sana karşı boş değilmiş. Tamamıyla güvenememiş kendisine. İkinci sorunun cevabına gelince. Gerçekten çok kırıcı ve yaralayıcı olmuş. Ama bu kadar kararlı olmasa bitiremezdi. Kararlı değildir belki kararlı görünmek zorunda hissetmiş olabilir. Ezmiş geçmiş duygularını diye düşünüyorum."

"Peki Leyla, bana yapılır mı bu? Reva mı bana? Benim gibi sevene, bu kadar bekleyene, bu kadar emeğe saygısızlık değil mi?"

"Bu sevgiye , emeğe her şey feda edilir. Edilmeli de kanımca. Fakat biliyorsun, evlat sevgisini tatmadım. Rabbim nasip etmedi bana. Evlat sevgisiyle hiçbir sevgi yarışamaz diye biliyorum. O da evlatlarını geçemedi demek ki. Bunu da kabullenmek lazım."

"Şimdi her şey yalan mı oldu yani? Yalan mıydı söyledikleri? Beni görme isteği?"

"Yalan değil Toprak, yanılsama diyelim. Bir an hayal etti, duyguları ağır bastı. Sonra zorlukları gördü, geri adım attı."

"Olan oldu, tatlı bir rüyadan uyandım kâbusla. Şimdi ne yapmalıyım sence? Ne tavsiye edersin?"

"Beklemekten başka bir çaren yok Toprak. Mutlaka muhasebesini yapacaktır. Tartacaktır. Bir yerlerde iz kaldıysa bir şekilde iletişim kuracaktır."

"Ya iz kalmamışsa?"

"İnşallah kalmıştır diyelim."

"Sen arasan Leyla, konuşsan, nabzını ölçsen?" yalvarır gözlerle bakmıştım Leyla'ya.

"Tabii ki hemen arayayım Toprak."

Leyla da en az benim kadar üzgündü. Benim için bir şey yapamamanın mahcubiyeti vardı üzerinde. Okula bile gitmemiş, izin almıştı yanımda olabilmek için. Aramaya başladı. Ben dikkatlice izliyordum onu. Az sonra Leyla'nın yüzündeki ifade boşa beklediğimi haykırmıştı. Onu da engellemiştin. Sana çıkan bütün kapıları kapatmıştın Eylül'üm. Bu kadar tehlikeliydim demek. Bu kadar rahatsız edici... İletişimimi sıfırlamıştın. Atmıştın bütün köprüleri. Sana anlatacak ne çok şey saklamış, biriktirmiştim. Biriktirdiklerim ve bundan sonra biriktireceklerimle baş başa kalmıştım. Günlerce sürecek bir kaos beni bekliyordu. Günlerce, haftalarca sansürleyecektim kendimi yaşamdan. Haftalarca sürecek silik, donuk bir karaktere dönüşecektim. Leyla'nın günlerce sürecek şaklabanlıkları ne beni ne de onu mutlu edebilecek, dikkatimi dağıtabilecekti.

Üç ay sonra toparlanabilecek sensizliğin, sensiz senle yaşamanın uzmanı olduğumu hatırlayacak, yüreğim senden gelebilecek bir işarete odaklanmış olarak seni bekleyecek, hem de seni yanı başımda sen olmadan yaşamaya tutunmaya çalışacaktım. Tatmıştım ya bir kere seni, tadına varmıştım ya sesinin, sesinin bana yönelişinin, işte o tadışın dayanılamaz bağımlılığı çekiştirip hırpalıyordu ruhumu.

Ruhum daha bir toparlanmış olacaktı sonraki aylarda fakat ikinci kere avucumun içinden kayıp gidişini bir türlü kabullenmek istemeyecektim.

Beni engellemenin üzerinden bir yıl geçerken çıkıp geleceğinin ya da bir işaret fişeği çakacağının ümidini zayıflamış olarak geçirecektim. Ardı ardına üstüme kilitlediğin hiçbir kapı açılmayacaktı. Kapıların açılacağı beklentisi bitmiş, bırak zorlamayı imdat nişanesi seslenmeyi bile unutmuş olacaktım.

Üç yıl sonra yaşadıklarımızın bir anı olarak kaldığını düşünecek, sensizliği yudumlamaya devam edecektim. Ara ara bunaldığım zamanlarda, gelip gelip o rüya tadındaki konuşmalarımıza sığınacak, tazeleyecektim halüsinasyonlarımı. Yıkanacaktım keşke yağmurlarında.

Üzerime kapıları kapatmanın üzerinden beş yıl geçerken yaşadığım o üç beş günün aslında yaşanmadığını, beynimin sana ayrılan bölümünde beni avutmak için üretilen bir hayal olduğunu varsayacaktım. Gerçek değildi yaşadıklarımız. Olamazdı da. Böyle saçma sapan bir başlangıç ve son olamazdı. Böyle kaybetmemeliydim seni. Sebepleri beni hiç tatmin etmemişti. Mantığa, gerçeklere aykırıydı. Aykırı olduğu için yaşadıklarımızın bir hayal olduğunu düşünüyordum beşinci yıl biterken. Hafızam gidip geliyordu. Leyla da mı gerçek değildi, diye sorgulamaya başlamıştım. Ne oluyordu Allah'ım, bunuyor muydum acaba? Artık Leyla'yla paylaşmıyordum seni, duygularımı... İçimde yaşıyordum seni. Leyla ne kadar açmaya çalışıyor ise de beni, gittikçe içime kapanıyordum. Leyla'nın varlığını çoğu zaman hissetmiyordum bile. Uzun uzadıya üzerime düşüyor, konuşturmaya çalışıyordu. Ama nafile. En son Leyla oturup ağladı hüngür hüngür. O an dikkatimi verebildim Leyla'ya.

"Mutsuzum." diyordu. "Sen böyleyken hiç neşem yok. Kahroluyorum seni böyle gördükçe."

"Leyla!" dedim. "Kuzum özür dilerim. Çıkamıyorum bu kısırdöngüden. Bir kere sesini duydum, muhatap aldı ya beni, onun yokluğunu kabullenmekte zorlanıyorum. Toparlayamıyorum düşüncelerimi, odaklanamıyorum hiçbir şeye. Ağır hasarlıyım. O günden sonra perte ayırdılar sanki beni. Ne olur anla beni.

Duymasaydım hiç sesini, belki yıllarca dayanabilirdim onsuzluğa. Belki iyi ayrılsaydık, helalleşseydik yine de kabullenebilirdim. Ben onu bu kadar seviyorken bu muameleyi hak etmedim. Ya ben onu çok seviyorum." deyip sarıldım Leyla'ya. İkimiz de ağlıyorduk kütüphanede birbirimize sarılı halde. Leyla'nın gözleri kan çanağına dönmüştü. Benimkilerin ne halde olduğunu bilmiyordum. Ağlaşıyorduk sadece. Bir kere daha seni çok sevdiğimi fısıldadım kulağına. Ayırdı bedenlerimizi. Sımsıkı sarıldı bana. Ansızın ayrıldı bedenimden ağlamaya devam ederek çıkıp gitti kütüphaneden. Ardından gitme diyemedim. Onu teselli edebilecek mecalim yoktu. Yorgundum, yıllarca çalıştırılan, hor, hakir görülen köleler gibi. Yorgundum Eylül sana. Yorgundum, ağırdım kendime. O gün Leyla'yı ömrümün sonuna kadar son görüşüm olacaktı.

***

"Sevgili Toprak, uzun, yorucu ve sonu hiç de iyi bitmeyen bir hikâye anlatacağım bugün sana. Bir başarısızlık hikâyesi... Bu hikayenin başı da sonu da aynı aslında. Başladığı gibi de bitmiş durumda. Ben en başından başlayıp, atladığım, unuttuğum veya dikkatimden kaçmış noktalara tekrar dönebilirim umuduyla başlayacağım hikâyeme. Böyle bir gündemin hiç olmadı belki de. Senin gündemine hiç giremedim. Sen mızrak gibi saplanmıştın bir yüreğe, ben yüreğini hedef almış son anda hedefini ıskalamış bir ok gibiydim. Hiç fark edemedin beni. Dikkatini çekmek için her şeyi yaptım oysa. Senin dünyan bir ve hiç değişmeyen bir yörüngede dönüyordu. O yörüngenin merkezinde hep Eylül vardı. Varsa yoksa o. Her muhabbet ona açılmalı. Her söz ona bağlanıp şahsiyet kazanmalı. Gizemli olayların kördüğümleri onda çözülmeliydi.

O kadar körleşmişsin ki Toprak, onu beklerken o kadar odunlaşmışsın ki; taze, dibindeki yeni, farklı hiçbir yeşili göremiyorsun.

Bugün sen kırk bir, bense kırk yaşındayım. Sana dair hiçbir umudum kalmadı. Bugün sen bu satırları okurken ben bu şehirden, senden gitmiş olacağım. Bilmeni duymanı istediğim bazı önemli şeyler var. Onları tamamıyla sana aktardıktan sonra tamamıyla çıkmış olacağım hayatından."

Sabah kütüphaneyi açtığımda karşıdaki bakkal pulsuz zarfı getirip vermişti:

"Leyla Hanım vermemi rica etti. Size verdiğimde de arayıp bilgilendireceğim Leyla Hanım'ı."

Teşekkür edip almıştım. Oldukça şaşırmıştım. Leyla'yla daha dün akşamüstü görüşmüştük. Bu zarf da neyin nesiydi diye şaşırıp kalmış, ilk cümlelerinde ne dediğini anlayamamakla beraber Leyla'nın gittiğini net anlamıştım. Leyla nasıl dikkatimi çekmek istemişti acaba? Leyla beni sevmiş miydi? Fakat biz kardeş gibiydik. Devam eden cümleler daha ağırdı:

"Okul yıllarına gidelim Toprak. Oradan, ta en başından başlayalım. Sen Eylül'ü fark etmeden ben seni fark etmiştim. ilk spor salonunda görmüştüm seni. İçimden bir şeyler akmış, gömülmüştüm içine."

Şoklar yaşamaya devam ediyordum. Ben Leyla'yı başka türlü sevmiştim. O ise beni farklı bir tonda sevmişti. Soğuk terler döküyordum Eylül. Bu nasıl olur? Nasıl?

"Spor salonuna gelmiş, muhabbet etmiştik bir süre. Bizde fazladan test kitapları var demiştin, bense getirmeni rica etmiştim. Özellikle sormuştum ne zaman getirebileceğini. Sen ısrarla müsait bir zamanda demiştin.

Ertesi gün her zaman ters giden talihim yine yapacağını yapmış, evde olmadığım bir zaman diliminde getirmiştin kitapları. Eylül çıkmıştı kapıya. Talih Eylül'e gülmüştü. Şans okları ona dönmüştü. Eve gelip kitapları görünce, seni göremediğime, içeriye davet edemediğime ne kadar üzülmüştüm.

Yine bir gün seni ders çalıştırmıştım. Geldiğine çok sevinmiş, aklının başka bir yerde olmasına çok içerlemiştim. Bir türlü motive olamamıştın. Rahat ettirememedim seni. Bir saat sonra koşar adım çekip gitmiştin. Defalarca muhabbet ettik ondan sonra farklı yerlerde. Sen ilgisizdin bana. Ben son derce ilgili ve alakalı. Ağzını yokladım birkaç kere. Bir keresinde başka birini sevdiğini söylemiştin. Çok kolay söylemiştin. Ne kadar da ağır gelmişti bana. İçime çökmüş, ezilmiş, büzüşmüştüm. Okulun kalan iki yılı boyunca bazen uzaktan bazen de yakından takip ettim seni. Hiçbir bayanla yan yana göremedim seni. Çok da meraklanmıştım bu kız kim diye? Okulun son günlerinde tekrar şansımı denemek istedim. "Ne oldu o kız?"

"Kaybettim hem onu, hem kendimi. Yok artık o, başkası kaptı." demiştin. Tam ümitlenmiştim ki:

"Bir gün ulaşırım ümidini hep taşıyorum, taşıyacağım ve o ümitle hep yaşayacağım." deyip o anlık hevesimi bile kursağımda bırakmıştın. Bir kere daha yıkılmıştım o gün. Yıkıp geçmiş, basıp ezmiştin beni. Yerle yeksan olmuştum. Günlerce ağlamış, sızlamış, inlemiştim."

Hayretler içerisinde okumaya devam ediyordum.

"Okul bitince seni hep takip edip haberler aldım. Senden ümidimi kesince evlenmeye karar verdim. Belki seni unuturum, en azından çocuk sevgisiyle sevgi açlığımı kapatırım diye. Şansıma bak ki evlendiğim kişiyle mutlu olamadığım gibi, Allah bana çocuk da nasip etmedi. Çocuk sahibi olup içimdeki seni bir nebze de olsa unutmak ya da hafifletmek için denemediğimiz yol kalmadı. Elimizdeki imkanlar iflas edince boşanmaya karar verdik. Ne dedi bana eşim biliyor musun Toprak, boşanma kararı aldıktan sonra: "Sen zaten hiç benim olmadın ki! O içindeki kimse artık söküp atamadın. Şimdi özgürsün artık, istediğine gidebilirsin." Eşim bana bunları söyledi. Fark etmişti o da. Boşandıktan üç ay sonra soluğu senin yanında aldım. Dedim ya haber alıyordum senden. Evlenmediğini biliyordum. Bu küçük ilçeye indiğimde ne büyük ümitlerim vardı. Bir şekilde gönlüne girecektim. Benim olacaktın. Söküp atacaktım içindeki o enkazı.

Kütüphaneye yaklaşırken kalbim yerinden fırlayacak gibiydi. Kaygının kaygan zemininde adımlayıp kapıyı açtım. Yol boyunca seni orada bulamayacağımın tedirginliğini seni görünce attım üzerimden. Tanımamıştın beni, gözlerin ele veriyordu. Ben binlerce kilometre öteden, her şeyi geride bırakarak gelmiştim sana. Beni tanımamana o kadar içerlemiş, duygusal çöküntü yaşamıştım ki biriktirdiğim ümit yüklü duygularımın altında kalmıştım. Elimi uzattığımda hala tanımamıştın beni. Demek ki hiçbir iz bırakmamıştım hayatında. Kayıtlı değildim hafızanda. Tam sinirlerim boşalıp koyuverecektim ki gözyaşlarımı, tanıdın beni. Yüzündeki yabancılık yerini mutluluğa bırakmıştı. Çekilen ruhumun yavaş yavaş bedenime yerleştiğini hissettim. Beni gördüğüne çok mutlu olmuş, beni de ümitlendirmiştin. Yakın ilgin alakan ciddi beklentiye sokmuştu beni. Ta ki geldiğimin üzerinden bir ay geçmeden Eylül'den bahsettiğin o ana kadar. Eylül'ü anlattıkça ben kahroldum. Sen Eylül'e, sana ve sevgine ağladığımı sanıyordun fakat kesin ve net, kendi talihime ağlıyordum. Sen Eylül'ü sevmiştin. Hem de çok sevmiştin. O gece Eylül'e yazdıklarını okudukça bana ne kadar uzak olduğunu düşündüm. Düşündükçe ağladım. Gece geç saatte ben evime, sen yalnızlığına, yani Eylül'üne döndüğünde, ben kendime döndüm. Sabaha kadar uyumadım. Ağladım, ağladıkça ne kadar yalnız olduğumu, kimsesiz olduğumu hatırlayıp tekrar tekrar ağladım. Yıllardır anbean takip ettiğim, sevdiğim adam yanı başımdaydı. Seslensem sesimi duyacaktı. Uzansam dokunabilecektim. Ama ruhu burada değildi. Ruhu Eylül'deydi. Sen Eylül'ü o akşam, üstüme kusarken, ben kendi gerçeğimle baş başaydım.

Ne de güzel anlatıyordun Eylül' e olan sevgini. Eylül deyince her şey donuyordu sende. Her şey silikleşiyor, kimliksizleşiyordu. Gözlerinde, hayallerinde, konuşmalarında hep Eylül vardı. Bırak sahne olmayı, hiç kimse o sahnede figüran bile olamazdı. Sahnenin tamamı Eylül' e ait, geri kalan ufak tefek şeylerin figüranlığını sen üstlenmiştin. Oraya sızmanın mümkünâtı yoktu. Yıllardır sızmaya çalıştım, sızamadım. O gece anlamalıydım aslında, senin ona ne kadar gömülü olduğunu, seni çekip oradan çıkaramayacağımı. Sana bu kadar yaklaşmışken çekip gidemezdim. Sonuna kadar mücadele etmeye karar verdim. Aslında konuştuğumuz o gece Eylül'le ilgili her bilgiye sahiptim. Yıllardır boşandığını biliyordum. Yılda birkaç defa görüşüyorduk. Söylemedim, söyleyemedim sana. Bendeki sevgi frenledi beni. Erdemli bir davranış değildi kabul ediyorum. Sevdiğimi göz göre göre Eylül'e veremezdim. Umarım bu davranışım için beni mazur görürsün.

O geceyi Eylül'e ayırmıştık. O gece bittiğinde ağlayıp sabahladığımda bu konunun kapandığını düşünmüştüm. Bir daha açılmaz, muhabbeti yapılmaz, zaman içinde de küllenir diye ümit etmiştim. Bu inançtı aslında beni burada yıllarca diri tutan. Fakat sonraki günlerde de durmadın, durulmadın. Muhabbetine devam ettin Eylül'ün. Gözüme gözüme soktun. En son Eylül'ün durumuyla ilgili bilgi almam için istekte bulundun. Ben her şeyi biliyordum zaten. Söylemek istemiyordum. Depreşirdi duyguların, bırakır giderdin beni. Bir gün sonra gerçekten görüştüm Eylül'le. Bildiğim şeylerdi zaten. Senden de bahsettim. Verdiğim yeni bilgiler seni daha da canlandırmış, istekli hale getirmişti. Benim halimi düşünsene Toprak, sevdiğimle arkadaşım arasında aracı oluyordum. Getirdiğim bilgiler yetmedi. Bu kez de sevginden bahsetmemi istedin. Bunu bana yaptırıyor, yüreğimi kanatıyordun. Ne tepki vereceğini merak ediyordun. Elinin körü diyordum içten içe. Ne tepki vereceği belli. Kim karşı koyabilir on beş yıllık eskimeyen bir sevgiye, kim Toprak? Kim büyülü prensesler gibi sevilmek istemez. Böyle gizli ve gizemli bir sevginin çekimine kim kapılmaz. Bu akıma kapılmayacak tek bir insan tanımıyorum.

Adım adım Eylül'e götürüyordum seni. Adım adım kayıyordun ellerimin arasından. Hızlıca yürüyordun Eylül'e. Hızına yetişemiyordum. Ben sana yürüdükçe, sen Eylül'e hızlanıyordun. Durduramıyordum seni.

Eylül'le konuştuğun o ilk günü hatırlıyor musun? Sarılmış bana, havaya kaldırmıştın. Uçuyordun mutluluktan. Ben hangi kırık dökük duygular içerisindeydim biliyor musun? Senin mutlu olmana sevinirken; yüreğimin nasıl ezildiğini, içimin kıymık kıymık kesildiğini biliyor musun? O günün gecesinde büyük şehre giderken, yanımda olmanın mutluluğunu yaşarken, yanımda olup benim olamamanın yıkımını yaşamanın ne demek olduğunu hissedebilir misin?

Koluna girmeyi, sahilde beraber yürümeyi ne çok istemiştim. Ama biliyordum ki ben koluna girsem de, sen de Eylül'ün koluna girecektin. Bu nasıl bir denklemdi. Gönlünde sevgili adına bir ayrıntı bile olamadım. Nokta kadar yer kaplayamadım. Yanındaydım, dibindeydim ama sevgili adına fersah fersah uzaktım senden. Sadece bana değil herkese kapatmıştın o sevgiliye ayrılan mesafeyi. Kalın, ses geçirmez duvarlar örmüştün.

Hep ardından yürütüyordun. Önüne geçemiyordum. Alıcı gözüyle bir türlü baktıramadım sana kendimi. Kör olmuştun. Kalp gözün görmüyordu hiç kimseyi. Yüreğinde sevgiliye ayrılan bölmede ufacık bir yer edinme derdindeydim. Tepeden tırnağa titreten sevginden bir damlasına olan açlığımdı bütün çabam. Eylül'e ayırdığın sevginin deryada damlasına razıydım. Onu bile çok gördün bana. Yine de şunu dile getirmeliyim. O bana sarıldığın ve hasta olduğum günler ömrümün en mutlu günleriydi. Sen beni kucaklamış havalara kaldırmıştın. Sevincin, mutluluğun ben değildim, bana dönük değildi ama senin kollarında olmak, sana dokunmak, temas etmek fevkalade mutlu etmişti beni. Hüzünlü bir mutluluk diyelim. Eksik bir mutluluktu benimkisi. Yine de çok güzeldi. Bana dönük olmayan bir sevgiden doğan davranışına bu kadar sevindiysem, bana yönelik olabilecek bir hareketin iç dünyamda ne mutluluk fırtınaları koparacağını hayal bile edemezdim. Herhalde ömrümün sonuna kadar gidip gidip o sahneye sığınacağım yokluğunda.

O gece eve dönerken yol hiç bitmesin istedim. Hatırlıyorsan yolda iki defa ihtiyaç molası verdirdim sana, hiçbir ihtiyacım olmamasına rağmen. Oyalıyordum seni, oyalanıyordum. Dönmek istemiyordum eve, dönmeni istemiyordum Eylül'e. Döner dönmez Eylül'le buluşacaktın fikirlerinde, düşlerinde. Ben hiç olmayacaktım o düşlerde. Göz ardı edilmişliğimi bir kere daha yaşayacaktım. Evlerimize varıp başlarımızı yastığa koyduğumuzda ben seni düşünecektim, sen de Eylül'ü düşleyecektin. Adalet miydi bu? Hak ediyor muydum bunu? Hak etmiyordum tüm bunları. O yüzden uzattıkça uzatıyordum yolumuzu.

Günden güne Eylül'le yakınlaşıyordunuz bense bütün yok sayılmışlığımla izliyordum seni, sizleri. Kaygılarım zirvedeydi. Günbegün kayıyordun zeminimden. Çaresizdim. Mutlu olmanı istiyordum canı gönülden, fakat öte tarafta ben büyük, yakıcı ve çıkışı olmayan bir yangının içerisindeydim. Ciddi bir sürüncemedeydim. Seni istiyordum ki bu en nihai hedefimdi. Bunun için çıkıp gelmiştim onca yoldan. Üzerine basmıştım yaşayacağım yılların. Anne baba, sıla adına ne değerlerim varsa bir kenara koymuş, sana uzanmaya, uzanıp tutunabilmeye gelmiştim. Bırakıp gelmiştim benden geriye kalanları. Ben sana gelmiştim, sen ise Eylül'de yaşıyordun. Gelgitler yaşıyordum, sana da kıyamıyordum. Okulda işim biter bitmez yanına atıyordum kendimi. Her geldiğimde Eylül'le görüyordum seni. Ya onunla konuşuyor, ya düşlüyordun onu. Çok acı çekiyordum. Hatırlıyorsan bir gün hafiften kar serpiştiriyordu inceden inceye. Ben okuldan döndüğümde çay içiyordun dışarıda. Her zamanki gibi Eylül'ü konuşmuştuk. Sizin muhabbetiniz artmış, ben yavaş yavaş yaşamında küçülüyordum. Önceleri senin için büyük bir değerken, yavaş yavaş yaşamında fark edilmese de olur bir ayrıntıya dönüşüyordum.

Defalarca açmak istedim sana yüreğimi. Sevgimi haykırmak istedim. Bana bu fırsatı hiç vermedin Toprak. Geldiğim günden itibaren Eylül'ü beynime beynime kazıdın. Nefes aldırmadın bana. İşte o gün dışarıda oturup çay içerken yine deneyecektim şansımı. Açılacaktım sana. Ne olacaksa olsun, diyordum kendi kendime. Ben bütün cesaretimi toplayıp girecektim ki konuya sen yine lafı boğazıma dizmiş: "Eylül" demiştin, ben yine yutkunmuş, yutmuştum bütün duygularımı. Eylül ismini duymaya tahammül edemiyordum. Nefret etmeye başlamıştım ondan. O kibar, anlayışlı, güleç, samimi, melek yüzlü arkadaşımdan nefret edebilecek duruma gelmiştim. Kendimden tiksiniyordum. Büyük bir açmazdaydım. Gözyaşlarım yere düşmeden havada donuyordum gözyaşlarımda. Isınmış, kıvama gelmiş gözyaşlarım düştüğünde beni rahatlatacak, hararetimi indirecek ve belki de yüreğimi soğutacaktı. Donmuş gözyaşlarımdan büyük bir kütle oluşmuştu. Yanındayken dondurup biriktirdiğim gözyaşlarımdan oluşuyordu bu kütle. Eylül'le başlayıp, Eylül'le devam edip ve nihayetinde Eylül'le muhabbeti bitirip, söyleyeceklerimi boğazıma dizmiştin. Bir kere daha açılamamıştım sana. Belki de en büyük hatayı ilk geldiğim gün sana açılamamakla yapmıştım. Sana olan sevgimden buralara geldiğimi söylemeliydim. Eylül'den bahsetmene fırsat vermemeliydim. Gerçi sen yine Eylül derdin büyük ihtimal ama küçük bir ihtimal saygı duyar beni yaralamaz, Eylül adını anmazdın yanımda. Eylül'e ulaşmaya çalışmayacak, ben bu rolü üstlenmeyecektim ve olay buralara kadar gelmeyecekti.

Sahi sen hiç düşünmedin mi gerçekten beni? Bu kız ülkenin öbür ucundan ta öteki ucuna niye gelmiş olabilir? Bir derdi vardır belki. Bir şeylerden kaçmış, gelip buralara niye sığınmış diye. Doğru ya verem hastalığından dolayı geldiğimi söylemiştim. Oysa ben hiç verem olmadım. Yalandı o hastalık. Bir kere bile sormadın verem hastalığımın seyrini, nelere dikkat etmem gerektiğini. Bunu bile düşünemeyecek kadar sınırlıydım dünyanda. Sınırlandırılmış, sorulandırılmamış, sorulandırılmadığı gibi cevapsız bırakılmış, değerlendirilmeye bile alınmamış bir soruydum. Sadece bir gün, bir kere bile sordun mu gönlünde yatan biri var mı diye? Sence bu soruyu hak edecek bir hukukumuz yok muydu? Tek bir gün seni gereksiz meşgul edecek, Eylül'ünden bir an ayıracak bir sıkıntımı, ailevi bir problemimi getirip önüne koydum mu? Sen ne yaptın Toprak? Dur ben söyleyeyim. Her gün kurduğun, mönüsü sadece Eylül olan sofrandan yedirdin de yedirdin. İçim dışım Eylül olmuştu. Her gün onu yiyor, onu içiyordum. Allah aşkına yaşamında tek bir gün, dünyanın gidişatı ile ilgili; ekonomi, siyaset, sosyal ya da psikolojik bir vakıaya yer verdin mi? Doğru ya senin siyasi düşüncen Eylül'dü. Ekonomin Eylül'e biriktirdiğin duygulardı. Sosyallikten anladığın Eylül'ü bıkmadan usanmadan konuşmaktı. Psikolojik olarak zaten Eylül sendromu yaşıyordun. Literatüre soktuğun Eylül sendromu. Nobel'e bile aday gösterilebilirdin, Eylül sendromunla...

Şunu da özellikle belirtmek isterim ki Eylül sendromundaydın ama hep kaçtın Eylül'den. Acı çekmeye tahammül edemedin. Yüzleşemedin onunla. Takip etmedin, edemedin. Oysa ben seni hep takip ettim. Geldim yanına. Bir ateş kütlesiydin benim için. Yanımdaydın, sevdiğimi söyleyemedim. Dibimdeydin dokunamıyordum sana. Ateşin anbean yakıyordu beni. Ben yanmayı seçtim, sen ise uzak durup donmayı, hareketsiz kalmayı. Kolaydı seninki. Basitti. Zor olan, görüp görüp yanmaktı, kavrulmaktı. Züleyha'yla Yusuf'un kıssasını bilirsin. Ben Züleyha'nın yaptığı gibi, Yusuf'la aynı ortamda yanmayı seçtim. Sen ne yaptın peki? Mecnun olmayı seçtin. Kaçtın çöllere. Bir kere bile Eylül'ün yakıcılığını seçemedin. Ben senin Züleyha'n, sen ise Eylül'ün Mecnun'uydun. Gerçek tam anlamıyla buydu.

Hatırlıyor musun Toprak, o hafif kar serpiştiren gün çayımızı içtikten sonra ve tabii ki en önemli sosyal ritüelimiz haline gelen Eylül'e olan serenatlarından birini daha dinlemek zorunda kaldıktan sonra ayrıldım yanından. Akşamüstüydü. Havada ayaz vardı. Dışım üşüyor, içim yanıyordu. Donmuş gözyaşlarım, içimdeki yakıcı sıcaklıkla, dışarıda gelen soğuğa ciddi bir baskı yapıyordu. içimdeki yangın nihayetinde baskın geldi. Yürüyüşüm boyunca aktı gözyaşlarım. Yürüdüm ayazı yiye yiye. Gözyaşlarım bitince donmuş gözyaşlarımı da eritmeye başladım. Amaçsız geziniyordum küçük şehrin sokaklarında. Karanlık çöküp, saatler ilerledikçe soğuk ayazın etkisiyle dışarıda hiç kimse kalmamış; açık birkaç dükkân, başıboş köpekler ve ben kalmıştım tam yalnızlığın ortasında. Mırıldanıyordum geceye Necip Fazıl'ın "Kaldırımlar"ıyla:

"Ben gideyim yol gitsin, ben gideyim yol gitsin

İki yanımda bir sel gibi aksın fenerler

Tak tak ayak seslerimi aç köpekler işitsin

....

....

...................................." Hıçkırıklarım kesiyordu, kaldırımları mırıldanmalarımı, kaldırımlara seslenmelerimi ve onlarla bütünleşmelerimi.

Sen işitmedin beni. Duymadın sesimi. Kapatmıştın kendini bana, herkese. Uzun çileli yürüyüşüm son dükkân kapanana kadar devam etti. Biten yürüyüşümden sonra gelip eve yatağa atıp kendimi, son gözyaşlarımı da yastığa akıttım. Ve öylece aç susuz uyudum. Kendimi yiyordum, gözyaşlarımı içiyordum.

Sabah kalktım, daha doğrusu kalkmaya çalıştım ayakta birkaç saniye duramadan yatağa geri yığıldım. Yığıldıktan sonra tekrar ayağa kalkmaya çalıştım ve yine yığıldım. Yarım saat sonra tekrar denedim kalkmayı. Ama yine kalkamadım. Olduğum yere yığılıyordum aynı şekilde sonraki denemelerimde. En son denememde yine telefonuma ulaşamadım. Elime alıp seni aramayı düşünüyordum. Merak etmiştim, Eylül'e bu kadar dalmışken beni ne zaman hatırlayacağını. Ne zaman yokluğumu hissedecek, ruhun beni arayacaktı. En erken okul çıkış saatime denk bir zaman olurdu sanırsam. Ben gittikçe daha da kötüleşiyordum. Midem bulanıyor, ateşimin çıktığını fark ediyor, hafif hafif titriyordum. Ölürüm diye düşünmüştüm. Ölürüm de kurtulurum belki. Nasıl yaşamaktı ki zaten benimki?

Sonraki denemelerimde de ayağa kalkamayınca, pes ettim. Yatağa kilitlendim. Ateşim gittikçe yükseliyor, titremem artıyor, halüsinasyonlar görüyordum. En çok da halüsinasyonlar yoruyordu beni. Toplar sekiyordu örneğin. Pinpon topundan biraz daha büyük renk renk toplar sekiyor, sekiyor ben de topun hareketine gayrı ihtiyari odaklanıp takip ediyordum. Toplar her yere temas edip sektiğinde beynime basınç uyguluyor, canımı acıtıyordu. İnlerken ayılıyordum. Seken topların yolculuğu bitince zihnimde, bu kez rengârenk balonlar şişiyor, şişiyor büyük bir gürültüyle patlıyordu. Her balon patladığında uyanıyor, geri dalarken yeni balonlar şişiyor, büyük bir gürültüyle patlıyorlardı. Balon patlatma oyunu bittiğinde ise bu kez farklı bir halüsinasyona giriyordum. Binlerce toplu iğnenin bulunduğu bir masada, iğneler mıknatıslanmış gibi uç uca sırayla ekleniyordu. Her eklenen toplu iğne beynime saplanıp lıp diye bir ses çıkarıyordu. Gün boyunca bu halüsinasyonlar birbirini takip edip durdu. Biri bitiyor diğeri başlıyordu. Bazen üçü bir arada şekilleniyordu beynimde.

Bu halüsinasyonlarla savaşırken bir taraftan okul çıkış saatimin geldiğini fark edip senin aramanı bekliyordum. Ses seda yoktu senden. Titremelerim artmış, ateşim yükselmiş, her tarafıma dikenler batıyordu. İnanılmaz üşüyordum. Asırlar gibi geçen bir zaman diliminden sonra telefonum çaldı. Ne kadar mücadele ettimse de uzanamadım. Acı acı çalmaya devam etti. Her ayağa kalkışımda düşüyordum. Telefon tekrar çaldı. Tekrar tekrar ulaşmaya çalıştım. Yine de başaramayınca kendimi yatağa bıraktım. Pes etmiştim. Kollarına bırakmıştım kendimi halüsinasyonların. Balonlar tekrar tekrar şişip beynimde patlıyordu. İrkilip uyanıyordum. Bitmeyen balonlardan biri daha patlayınca kapının vurulduğunu duydum. Gözlerimi açabilmiştim. Kapı durmadan çalıyordu. Ayağa kalktığımda yüzükoyun düştüm. Ayakta duramıyordum. Sürüne sürüne, iğneleri uçuca ekleye ekleye geldim kapıya kadar. Sesin geliyordu: "Leyla!" diye bağırıyordun. Kapı eşiğinde duvara tutuna tutuna, başım döne döne, seken toplardan sakına sakına kapıyı açabildim. Seni görür görmez bırakıverdim kendimi kollarına. Bırakmıştım mücadele etmeyi. Bırakmıştım kendimi hiç benim olmayacak sana. Yatağa uzattığını anımsıyorum. Ambulans çağırdığını da duydum. Sonra kucağına alıp ambulansa götürdüğünü hatırlıyorum. Ambulanstan sonrasını, ne zaman nasıl hastaneye girdiğimizi hiç hatırlamıyorum.

Bir ara uyandım. Elimi tutmuş başımda bekliyordun. Sen görmedin gözlerimi açtığımı. Başın öne eğik dua konumundaydın. Üzüldüğün her halinden belliydi. Ellerimi bırakırsın korkusuyla gözlerimi yumdum tekrar. O an hiç bitmesin istedim. Biliyor musun Toprak hep başımda bekleyeceğini bilseydim, bilseydim ellerimi tutacağını ömür boyu hasta olmaya ve yatağa mahkum olmaya razıydım. Vücudum tir tir titriyordu, halüsinasyonlar görüyordum. Ama yine de elimi eline alışının tadını çıkarmaya çalışıyordum o an. O acılı, sıkıntılı durumumda senin bana ayırdığın o anın tadını çıkarmaya çalışıyordum. Allah'a seni bana vermesi için yalvarıp duruyordum hasta halimle. En çaresiz halimle istedim seni Allah'tan. Hiç bırakmadın ellerimi sabaha kadar. Hep hissettim ellerini ya da sen elimi hiç tutmadın da farklı bir halüsinasyon görüyordum.

Sabah taburcu olmuş eve gelmiştik. Koluma girip yatağa götürdün beni. Çorba yapıp ellerinle içirdin bana. Böyle bir mutluluğun tarifi olamaz. Bütün zamanını ve enerjini ayırmıştın bana. O anlarda sadece benimdin. Büyük ihtimal beyninin bir tarafı yine Eylül'le meşguldü. Ne güzel bir hikâye anlattın o gün. Ne güzel uydurdun. Ne de mutlu oldum dinlerken. Bir ara uyuduğumu düşünüp yarıda bırakacak oldun Eylül'e koşup ama yakalamıştım seni. Hikayeyi bitirdiğinde, üzerimi örttüğünde, elimi bıraktığında uyanıktım daha. Ne bekliyordum biliyor musun? Ya da neyi istedim o an? Alnıma ya da yanağıma bir öpücük kondurup o mutluluğumu taçlandırıp hafızama kazımanı. Yapmadın ama... Çok beklenti içinde olmama rağmen öpücük kondurmadın ruhuma. Yüreğimi serinletmedin. Azıcık sevgiye; ümit içinde bekleyebilmek için, çok ihtiyacım vardı o öpücüğe. Eksik kalmış, tamamlanmamıştım. Kendin eksiktin, yarımdın; beni de böyle bir kaderin içinde yüzdürüyordun. Bu eksikliğe rağmen ömrümün en mutlu gecesini yaşadım. Heyecanı, mutluluğu, şefkati ve acıyı aynı anda yaşamış ve eritmiştim potamda. O gece ayrılıp eve gittiğinde iyileştiğime çok üzülmüştüm. Keşke dedim kendi kendime, hasta rolü yapsaydım da bir gece daha kalsaydın yanı başımda.

Uyuturdun, masal anlatırdın kim bilir belki de elimden tutardın. Rüya gibi bir gece daha yaşardım. Sonrasında çok pişman olmuştum.

Ama bir gerçek karşımda duruyordu. Eylül'le aranızdaki mesafe git gide azalıyordu. Yakınlaşıyordunuz. Bunu tahmin edebiliyordum ama size ikinci bir kötülük yapmaya razı olmuyordu gönlüm. Eylül tam anlamıyla yanıt veriyordu sana. Bu da beni inanılmaz strese sokuyordu. Çorba içmeye gittiğimiz sabah ne güzel mutlu mutlu almıştın evden. Ne güzel yürümüştük buzların üzerinde. Seninleyken her faaliyet çok güzeldi, yaşanılırdı. Zorluğu, kolaylığı fark etmezdi. Güvende hissediyordum yanındayken sana olan hislerimin. Her anım seninle olsun istiyordum. Sevmesen bile. O sabah Eylül'ün seni davet etmesi içimdeki stresi patlattı. Bir tarafta git diye telkinde bulunuyordum, öte tarafım beni yiyip bitiriyor, şiddetle bir şeyler yapmamı istiyordu. Dikkat ettiysen durgundum, suskundum. Ne yapmaya çalıştığımı ben de bilmiyordum. Gitmen için seni yüreklendiriyordum ama seni kaybetme korkusu ateş gibi yakıyordu içimi. Daha sakince düşünebilmek ve karar verebilmek için eve bırakmanı istedim. Rahatsızım demiştim sana. Doğru biraz rahatsızdım ama eve kapanacak kadar bir rahatsızlığım da yoktu. İçimde bir şeyler sürekli dürtüyordu beni, bir şeyler yapmam için. O dürtüler beni bunaltınca eve bırakmanı istedim.

Evden içeriye girdiğimde kendimi yatağıma attım. Uzun süre düşündüm ağlayarak. Eylül seni hiç görmemişti denilebilir. Yıllarca varlığından bihaber yaşadı. Oysa ben seni adım adım takip ettim. Eylül hak etmiyordu seni. Seni ben hak ediyordum. İşler sarpa sarmadan bir şeyler yapmalıyım diye düşündüm. Eylül seni unuturdu gerisin geri. Aranızda senin yazdıklarından öteye yaşanılmış hiçbir şey yok. Oysa ben tamamen senle doluyum. O seni bir iki haftada unutabilirdi. Bense yıllardır unutamadım. Eylül'le konuşmam gerekiyordu. O anlardı beni. Fedakarlık yapabilirdi. Anlayışlı da birisiydi. Beni anlayacağını umuyordum. Çekilebilirdi aramızdan. Bu düşüncelerle yatakta geçirdim birkaç saat.

Harekete geçme saati gelmişti artık. Yapacağım şeylerin sıralaması kafamda sıralanmıştı. Eylül'le konuşacak, en samimisinden duygularımı harekete geçirecek, onu ikna etmeye çalışacaktım. Telefonu elime alıp Eylül'ün numarasını çevirdiğimde meşgul çalıyordu. Senle konuştuğunu anlamıştım. Kısa bir süre bekledikten sonra tekrar denedim. Talihim yaver gitmişti. Eylül açtı telefonu. Alo deyişi o kadar sıcak ve içtendi ki bir an bu isteğimden büsbütün vazgeçtim. Hemen akabinde içten içe bir çöküş yaşadığımı anlayıp kendime geldim. Sensiz düşündüğüm yaşam; soğuk, sessiz ve yaşanılır değildi. Bütün duygusallığımı bir tarafa bırakıp Eylül'e baştan sona bütün duygularımı ve çabamı anlattım. Niye geldiğimi, nasıl bağlı olduğumu anlattım dakikalarca. Eylül şoka girmiş pek konuşamıyordu. Ben kâh ağlayıp, kâh yalvarıp, aramızdan çekilmesi için baskı üstüne baskı yapıyordum. Eylül hiç yanaşmıyordu. Düşündüğümden daha zor geçiyordu. Eylül şaşkınlığını üzerinden attığında, artık karşı savunmaya geçmişti. Senin onunla dolu olduğunu söylüyor, bana yar olamayacağını, en önemlisi de mutlu olamayacağımı söylüyordu. Bütün planlarım işlemez hale gelmişti. Elimde tek bir silahım kalmıştı. Son şarjörüne kadar kullanacaktım o silahı. En ağlamaklı halimi takınıp kanser olduğumu, en fazla üç yıl ömrümün kaldığını söyledim. Eylül bir kere daha şok olmuş, gardı düşmüştü. O da ağlamaya başlamıştı. Sana mı ağlıyordu, bana mı ağlıyordu bilmiyorum. Bildiğim tek bir şey varsa, son silahım işe yaramış, on ikiden vurmuştu hedefi. Peki, dedi en son. Elinden geleni yapacağını söyledi. Telefonu kapadı Eylül. Telefonu kapattıktan sonra derin bir vicdan azabı yaşadım. Hakkım yoktu buna. Sana bunu yaptığıma inanamıyordum. Resmen ayırmıştım sizleri bunca yıldan sonra tam kavuşacakken. Yatağıma gömülüp bir de bunun için saatlerce ağladım. Gerisini biliyorsun zaten. Beş yıl daha bekledim seni. Uzun ve yorucu bir beş yıl. Çıkaramadım seni, girdiğin o bataklıktan. Günden güne uzaklaşıyordun; benden, insanlardan ve kendinden. Tamamıyla içine kapanmış hiçbir şey paylaşmıyordun benimle. Sessiz mat ve duyarsız bir kişiliğe bürünmüştün. Günden güne silikleşiyordun yaşamdan. Bırak bana yönelmeyi, kendinden bile uzaklaşıyordun. Seni o halde gördükçe içim parçalanıyor, şiddetli vicdan azapları yaşıyordum. Seni kazanmak adına, kaybettirmiştim seni yaşamdan. Düşürmüştüm hayattan. Eylül'den başka hiçbir şey göremediğini kanıksadım ve bu kronik rahatsızlığınla arandan çekiliyorum.

İşte Toprak her şeyi öğrenmiş oldun. Ben çekiliyorum yaşamından, Eylül'le arandan. Umarım beni anlar ve kınamazsın. Hoşça kal. Benim hikâyemin burada sonuna geldik. Şimdi koşabilirsin Eylül'üne."

***

Leyla'cığım sabırla okudum yazdıklarını. Hem de defalarca okudum, bir şey atlamayayım, seni daha iyi anlayabileyim diye. Geldiğim noktada seni tamamıyla anladığımı düşünüyorum.

Sevginin ne kadar yakıcı, yorucu, yıpratıcı ve aynı zamanda nasıl bir yaşama kaynağı olduğunu en iyi bilenlerdenim herhalde. Yıllarca beklemenin, ümitsizce beklemenin, ne ağır travmalar doğurduğunu da bilirim. Bu travmaların karakterde mutasyonlara sebebiyet verdiğini de test ettim birebir. Aynı zamanda bir ümide sarılıp can çekişir halde bekleyip hüsrana uğramanın da ne demek olduğunu acı acı tattım.

Kutsal sevgim, kutsal varlığım Eylül üzerine yemin ederim ki, beni bu boyutta sevdiğini hiç anlamadım. Fark etmedim. Senin dediğin gibi yaşamımın her alanında gömülü kaldım Eylül'e. Bu anlamda, bu boyutta bir sevgiden bahsedersek hiç kimseyi o boyutta yani aşk boyutunda sevmediğim doğrudur. Hiç kimsenin hayali bile girmemiştir zihnime. Beynimdeki o bölge sadece Eylül'le doluydu. O bölge herkese yasaklı bir bölgeydi. Girene vur emri verilmiş özel bir bölge. Acımasızdım o konuda. Tel örgüyle etrafını çevirmiş, tellerine elektrik vermiştim. İçeriye sızmaya çalışanları uygun bir üslupla geri çeviriyor, ısrarında devam ederlerse güç kullanıyor ve bir şekilde bir boşluk bulup içeriye sızanları hunharca infaz ediyordum. Çekip atıyordum hayatımdan infaz ederek. Bir bir geride bıraktım onları. Aynı şey senin için de geçerliydi Leyla. Bilseydim böyle bir niyetinin olduğunu senin özel bölgem için hayal kurmana bile müsaade etmezdim. Israrlı girişimlerde bulunsaydın, geride bıraktıklarımdan olurdun.

Ruhu reenkarnasyonla başka bir bedende yaşamaya başlamış bir cesetten kimseye fayda dokunur mu? Ben Eylül'de yaşıyordum. Göremedin mi bunu? Ruhumdan sana tattırmamın imkanı var mıydı Leyla? Keşke bunca yıl beklemeseydin de dile getirseydin gerçek niyetini. Ben sana farklı çözümler sunardım, yönlendirirdim seni. Şimdi diyeceksin ki: "Niye kendine çözüm üretmedin?" Ben Eylül'e kilitlenmiş, farklı bir çözümü reddetmiştim. Ama sen çözümü denemiştin. Çocuğun olsa belki de o çözüme sadık kalacaktın. Bir kere bir sevgiden kurtulmak için çözüm düşündüysen eğer, o sevgide büyük boşluklar var demektir. O sevgiden kurtulmak için kapı aralanabiliyorsa, o sevgide sıkıntı var demektir. O kapı artık hep aralanabilir. Benim Eylül'e olan sevgimle senin bana olan sevgin bu noktada ayrılıyor. Muhakkak ki senin sevgin de üst düzey bir sevgidir, yücedir. Sonuna kadar saygı da duyuyorum. Fakat benim sevgimin yanında lafı bile olmaz senin sevginin.

Ümitsiz bir anım bile olmadı. Sevgimi gözyaşlarımla sulayıp, kurumasını engelledim. Şimdi tam olarak yirmi bir yıldır seviyor ve yine bekliyorum Eylül'ü. Ömrüm yetmezse ötelere kadar bekleyeceğim. Oysa sen ümidini kaybettin hem de iki defa. İlkinde gidip evlendin. Sonra işler ters gidince toplayıp kendini gelip yerleştin yanıma. Beş yıl dayanabildin sadece. Tekrar başka bir çözüm için çekip gittin. Sevgini küçümsediğimi sanma. Ülkenin öbür ucundan ta öteki ucuna geldiğin yol değerlidir, kıymet biçilemez ve kutsaldır.

Leyla'cığım, güzel kardeşim tam yirmi yıl önce Eylül'ü ilk gördüğüm anda ısırdı beni yüreğimden. Isırıldım o gün yüreğimden. Öyle bildiğin çocuk ısırıkları değil yani. Parça kopardı yüreğimden. Belki ben de senden kopardım bir parça. Belki de diş izlerim kaldı sende. Isırıldığın yerin hacmini, şiddetini bilmiyorum. Ama şunu çok iyi biliyorum ki, ısırıldığım yer günlerce, aylarca, yıllarca kanadı. Pansuman etmeye, kanı durdurmaya bile gönlüm razı olmadı. Eylül temas etmiş, iz bırakmıştı. Onun izlerini silmeye çalışmak, süpürmek Ona büyük saygısızlık olurdu. Yüreğime misafir olmuştu, en azından yarama misafir olmuştu. O yarayı hiç kapatmaya çalışmadım. O kanayan yarayı kendimde derinlerime akıttım. O akan kanımı, yetiştireceğim sevgi bahçemde, Eylül'e ayrılmış sevgi bahçemde kullandım. O taraflarıma yönlendirdim. Günler, yıllar geçti. Kocaman bir sevgi bahçesi oluştu yüreğimde o yaradan sızanlarla. Şimdi Eylül çıkıp gelse her şey hazırdır onun için. Yürüyüş parkurları bile hazırladım yüreğimde. Sen ne yaptın Leyla? Isırıldığın yarayı kapatmaya çalıştın. O yaranın senin ruhunun merhemi olmasını reddettin. Onunla yaşamaya alıştırmadın kendini. Oysa sevgideki acının panzehiriydi o yara. Sevgin ne kadar bunaltsa da sen o yaranda teselli bulacaktın.

Ey Leyla! Bak yirmi bir yıl geçti. Puştlar arttı. Namussuzluk normalleşti. Her bir şeyin kısa yolu bulundu. İnsan insanın kurdu oldu. Yedi insanlık birbirini hayasızca. Teknoloji ilerledi. Her şey değişti güzel kız. Her şey dönüştü, bir ben dönüşemedim. Ben halen ısırıldığım yerde ve yaramdayım. Yüreğim kanıyor daha. Ama bir an terk etmedim o yaramı. Ben, Eylül'e beni yaklaştırmayan her buluşun cahili oldum. Eylül'den beni uzaklaştıran her yeniliğin en ön cephede mücadele eden asisi oldum. Onu çağrıştırmayan her hikâyenin umursamazı, uyuklayanı oldum. Ona açılmayan her kapının yabancısı oldum. Gördüğüm rüyalarda bile yoksa Eylül, kâbustan saydım. Rencide edip aşağıladığım Eylül'den yoksun rüyalar bile oldu. Anlayacağını umuyorum ama doğrusu anlayacağına pek de ihtimal vermiyorum.

Beni en çok eleştirdiğin başka bir konu da Leyla, Eylül'den hep kaçtığım, uzak durduğum konusu. Demişsin ki: "Şunu da özellikle belirtmek isterim ki, Eylül sendromundaydın ama hep kaçtın Eylül'den. Acı çekmeye tahammül edemedin. Yüzleşemedin onunla. Takip etmedin, edemedin. Oysa ben seni hep takip ettim. Geldim yanına. Bir ateş kütlesiydin benim için. Yanımdaydın, sevdiğimi söyleyemedim. Dibimdeydin dokunamıyordum sana. Ateşin anbean yakıyordu beni. Ben yanmayı seçtim, sen ise uzak durup donmayı, hareketsiz kalmayı. Kolaydı seninki. Basitti. Zor olan görüp görüp yanmaktı, kavrulmaktı. Züleyha'yla Yusuf'un kıssasını bilirsin. Ben Züleyha'nın yaptığı gibi, Yusuf'la aynı ortamda yanmayı seçtim..."

Böyle böyle devam ediyordun tenkitlerine. Vurguladığın şeyde haklılık payı var elbette. Eylül'ün yanı başındaki acım daha şiddetli olurdu. Kaçtığım, bencillik yaptığım düşünülebilir fakat kazın ayağı öyle değil Leyla. Bu kadar uzakta, ondan bihaberken bile bu kadar yandıysam, Eylül'e yakın bir durumumdaki yanışımı tahayyül bile edemiyorum. Benim yanıklığım onu yakabilirdi. Ona zarar verip, mutsuz edebilirdim. Onu ilk kaybettiğimi anladığım andaki sahne gözlerimin önünden hiç gitmedi. O sahnede Eylül, gayet mutlu ve huzurluydu. Huzurlu dünyasını kendi bencilliğim için niye karartma teşebbüsünde bulunayım ki? Benim acı çekmem, onun sevgisiyle kıvranmam, onun üzerinde bir hak iddia etmeme sebep olamaz ki. Doğrudur, Eylül'ü çok sevdim, seviyorum, yandım aşkında halen de yanıyorum ama o başka birisiyle mutludur. Onun huzuruna, mutluluğuna gölge düşürebilecek her şeyden kaçtım. Elbette sevgim yoğunluk seviyesi bakımından boğucu bir seviyede, ama Eylül'ün mutlu olması daha da önemli bir boyutta... O, o haliyle mutluydu. O mutlu oldukça benim sevgim ancak beni yakmalıydı. Onu huzursuz edip ikilemde bırakmamalıydı. Eğer buna kaçmak diyorsan, benim kaçtığım doğrudur.

Ayrıca benim sevgim ne Mecnun'unkine benzer ne de diğerlerininkine. Benim sevgim bana özeldir. Benzerlikler gösterebilir ama bana hastır Leyla'cığım. Bu arada Yusuf ile Züleyha'nın ve Mecnun ile Leyla'nın hikâyesini de yanlış yorumlamışsın. Züleyha burnunun dibinde aşk acısının yaşamış, yaşadığı sarayı kendisine zindan etmiştir. Züleyha kendi yangınında Yusuf'u da yakmıştır. Peki Yusuf ne yapmıştır? Züleyha'nın iffetine, huzuruna zarar gelmesin diye kaçmıştır. Züleyha'yı sevmiyor muydu? Elbette ki seviyordu. Züleyha'nın güzelliği Mısır diyarını aşmıştı. Dilden dile geziyordu güzelliği. Yusuf bir bedel ödemiştir, hem de ağır bir bedel. Züleyha'nın itibarı ve huzuru için zindanda yıllarca çile çekmiştir. Bir ümit beklemiştir Yusuf, şartların olgunlaşması için. Yıllar sonra şartlar olgunlaşmış, en güzel haliyle kavuşmuştur Züleyha'sına. Peki sorarım sana Leyla, Yusuf mu mazlumdu Züleyha mı? Yusuf mu bencildi yoksa Züleyha mı?

Eylül'den bihaber yaşadın diyorsun. Ondan haber almaya bile tahammül edemedin. Zahmet edip bir gün izini sürmedin diyorsun. Doğru bu tespitin, ben Eylül'ün mutsuz olma ihtimalini bile düşünmek istemedim. Ara sıra içimdeki şahsiyetten, asaletten yoksun birkaç duygum dürtüp durdu beni. Hatta sen Eylül'den haber alırken, onunla konuşurken o nasipsiz duygularım Eylül'ün hayatında bir şeylerin ters gitmiş olması için temennilerde bulundular. Hemen susturup, avladım onları. Bu münferit birkaç olay dışında, Eylül'ün yaşamını takip etmeyi, bir şeylerin ters gitmesi anında harekete geçecek halde teyakkuzda beklemeyi asil sevgime yakıştıramadım. Böyle bir beklenti içinde de olmadım. Kaybetmiş kabullenmesi içerisinde yeniden inşa ettim sevgimi, Eylül'ü.

Şimdi bana ciddi bir açıklama borçlusun Leyla. İnsan sevdiğine, hem de bu kadar sevdiğine bu kötülüğü yapar mı? Nasıl yüreğin karşı çıkmadı bana ve Eylül'e bu kötülüğü yaparken? Nasıl kıydın bizlere? On beş yıl beklemiştim. On beş yıl nasıl beklediğimi, neler çektiğimi en iyi sen biliyordun. Bir beş yıl daha Eylül'süz yaşatmayı, sesinden yoksun bıraktırmayı hangi vicdanına sığdırdın? Madem beni bu kadar seviyordun, bu kadar gönül vermiştin, benim mutsuz olmam seni hiç mi etkilemiyordu? Ben kendime, yaşamaya küsmüşken hiç mi yüreğin sızlamadı? En yakınıma gelmiş, her halimle hemhal olmuş, beni sevmiş bir insan bana bu kötülüğü nasıl yapar? Bu yaptığını, yaşamım boyunca bana yapılan en büyük kötülük olarak not düşeceğim. Bir şartla affedebilirim seni. Benden hiçbir şekilde haber almayacak kadar uzakta durursan affedebilirim seni. Biraz sonra Eylül'e doğru hareket edeceğim. Dile kolay yirmi yıl sonra göreceğim onu. Senden hiç bahsetmeyeceğiz. Sen bizim için yazılmış güzel bir yazgıyı değiştirdin. Ters yüz ettin yaşamımızı. Umarım bir daha yollarımız kesişmez Leyla. Hoşça kal.

****

Yirmi yıllık bir bekleyişi noktalayacağım biraz sonra. Sabah erkenden gelmiş, Çınaraltı çay bahçesinde bekliyordum seni. İki defa farklı sebeplerle ellerimin arasından kayıp gitmiştin. Kaygılarımın, yaşanmış ve tecrübe haline gelmiş korkularımın inanılmaz hücumuna uğruyordum. Yerimde duramıyordum, oturduğum yerde. İstemli kaslarım bile istemsiz hale gelmiş, heyecandan yeni yeni tiklerin sahibi olmuştum. Kontrol edemiyordum kendimi. Kırk yaşındaydım ve yirmi yıllık bir bekleyişin sancısındaydım. Orta yaş grubuna giriyordum. Kalbim bu heyecana, bu gelme saatine ramak kalmasına dayanabilecek miydi?

Yıllardır içinde ezildiğim buruk tebessümlerimde, bu kez bir tarafım eğilip bükülmeden gülümseyebilecek miydim?

Sen biraz sonra çıkıp geleceksin. Bana geleceksin. Benim için geleceksin. Benim için yürüyecek, benim için oturacak, bana bakıp benimle gülümseyeceksin. Gözlerin, o koyu kahve gözlerin, bana dönük olacak.

Sen geleceksin bana birazdan. Bedenimden yüreğime yaptığım yoldan yürüyecek, gelip kurulacaktın yıllardır hazırlamış olduğum güllerden örülü gönül tahtıma. Selam duracaktı sana bütün duygularım.

Son bekleyişimdeyim ey sevgili, mahşerden önceki son bekleyiş bu.

****

Çınaraltı çay bahçesi en sessiz anlarından birini yaşıyordu. Susmuştu her şey. Sükût içindeydi yüreğim. Kalbimin atışlarını duyabiliyordum sessizlikte. Her şey donmuştu. Kilitlenmişti ağızlar. Arabalar kontak kapatmış, trafik durmuştu. Sen belirdin girişte. Hafif uzun saçlarını gördüm önce. Kalbim yerinden fırlayacak gibiydi. O kontrolümü kaybettiğim kaosta yüzünü aradı gözlerim. Gözlerimin gördüğüyle yirmi yıl önce hafızama kazdığım şema örtüşüyordu. Senin yüzündü. Özlenen ve beklenen yüzdü. Sendin o girişte beliren. Gözlerine odaklandım yaklaştıkça. Çekik gözlerine temas etmeye çabalıyordum. Gözlerin gözlerime temas etmiş, tanımamıştın beni Eylül. Kayıp gitmişti gözlerin. Ayağa kalktım, buradayım dercesine. Sendeledim. Sana yürüdüm. Beni diğer ayrıntılardan ayırmıştın artık. İşte o an fark ettin beni. Süzdün, duraksadın. Hızlandın hemen ardından. Aramızdaki mesafe kapanıyordu. Sen bana yürüyordun, ben sana koşuyordum. Vuslat hasıl olup mesafe kapanınca tuttum ellerinden. Canlı ve kanlıydı ellerin. Hayal değildin. Düş hele hiç değildin. İki elinden tutup, karşıdan süzdüm seni, canlı olduğuna emin olmak için.

Sarıldım yüreğimdeki ıslaklıkla, gözlerimde kalmayan kurulukla. Çektim kokunu içime. Yağmur olup yağdım. Sel olup taştım. Taşırdım güvertemden yirmi yıllık çilemi. Koyu kahve gözlerine dokundum: Bu an, bu muhteşem an değdi her şeye. Değdi yirmi yıla, dedim.

***

Şu an çalışma odamdayım. Çalışma odamın penceresi bahçemize bakıyor. Aylardan Temmuz. Hava alabildiğine sıcak. Pencereden dışarıya bakıp babamın inanılmaz, sıra dışı düş dünyasını, bu düş dünyasını nasıl da yıllara yayılmış bir sevgi disiplinine dönüştürdüğünü hayretler içerisinde düşünmekteyim. Ben bu satırları yazarken babamla annem şu öğlen sıcağında, koca bir çınar ağacının serin gölgesinde hamaklarında uzanmış fısıldaşıyorlar yine. Onlar için günün şu anı, aşk saatidir. Ve yaz aylarında tüm gün ve gece boyunca devam eder. Hamak saati bitip gün biraz serinleyince satranç turnuvası başlar. Birkaç saati aşkın devam eden turnuva berabere biter genellikle. Kıyamazlar birbirlerine. Hep berabere biter. Sonrasındaysa akşam saati başlar yemekten sonra. Babam çalar annem o güzel sesiyle babamın duygularına ses verir. Gece yarılarına kadar devam eder bu muhabbet.

Babamın notlarıyla ilk karşılaştığımda oldukça şaşırmıştım. Tam kafamda oturtamasam da, babama çok acımış annemden yıllarca ayrı yaşamış olması, ona ulaşmadaki sabrı, bekleyişi içimi burkmuş, derin bir kasvete sürüklemişti beni. Günlerce sürmüş bu ruh halim ve sonunda dayanamayıp babama açmıştım konuyu. Babam önce gülümsemiş sonra anlatmaya başlamıştı:

"Biz annenle hiç ayrı yaşamadık kızım." demişti.

"Ama nasıl olur? Ya yazdıkların?" Yine gülümsemişti babam:

"Sevgi disiplini kızım o yazdıklarım."

"Nasıl yani baba?"

"Bak kızım en başından anlatayım sana."

Merakım gittikçe artmış ve şaşırmıştım da. Pür dikkat babama yönelmiştim. Bu arada annem de gelmiş, babamın yanına kurulmuş başını omzuna koymuştu.

"Anneni ilk gördüğüm sahne var ya, hani yazmışım notlarımda, o sahnede gerçekten anneni tüm insanlardan farklı bir şekilde gördüm. Annen tam bana hitap ediyordu. Bütün duygularımı bir vakum gibi çekmişti kendine. Bütün benliğimle çekim alanına girmiştim. Ve ben o gün anladım ki, annende gecikeceğim her adım, ihmal edeceğim her ayrıntı sürgünler, yalnızlıklar, bekleyişler ve sonu gelmez keşkeler olarak dönecekti bana. Keşkenin yağmurlarında yıkanmamak, fırtınalarına tutulmamak için atılması gereken her adımı zamanında ve yerinde attım. İhmal etmedim sevgimi, sevgilimi. İlk başlarda her gün kendi kendime söylendim. Sonra rüyalarıma girdi, anneni kaybettiğimde yaşayabileceklerim. Sonra annene anlattım sevgimi her an. Ve daha kalıcı olması için yazıya döktüm beraberliğimizin tersi ihtimallerini. Ve gidip gidip okudum, Eylül'süz sürgünlerimi. Yıllar geçtikçe disiplinel bir sevgi oluştu bende. Yaptığım, yapabileceğim her ihmalde sevgimin sigortası atıp duygularımın yanmasını engelledi. Ve böyle böyle geldik bugünlere. İnanır mısın Burcu, kızım, anneni hiç kaybetmeden, kaybetmiş gibi yaşadım, yaşattım duygularımı kendimde ve daha çok sarıldım sevgime, annene."

"Baba bu inanılmaz, sıra dışı bir şey. Peki... Peki Leyla abla?"

"Leyla diye biri hiç olmadı gerçekte. Fakat yaşamımızda Leyla gibilerin olma, yaşamımızı yönlendirme ihtimali hep vardır. O boyut da ayrı bir handikap. Dikkat etmek için canlandırdım o karakteri."

Ben şaşkın, babam kendinden emin, annem de bu kadar sevilme, uğruna strateji üretilmenin haklı gururunu yaşıyordu.

"Sevgi disiplini diyorsun yani baba." demiştim en son kesik kesik.

"Evet tam olarak sevgi disiplini diyorum kızım."